steady.
特別編集

運命を変える

恋愛占い2024

KAGAMIRYUJI / SUISHO TAMAKO

MAKI AKARI / LUA / FUJIMORI MIDORI / LALOURDES HARUKA

スピリチュアル研究会

宝島社

ANZUMARON / TABUCHIKAI / HOSHIKAGE LAPIS / MARIE PRIMAVERA

CONTENTS

steady.特別編集

運命を変える 恋愛占い 2024

CONTENTS

本誌限定！

スペシャル特典
ダウンロード方法

本誌で監修を務めた3名の占い師が、あなたの2024年に幸せをもたらしてくれる
特別なダウンロード特典をご用意しました。どれもここでしか手に入らない
スペシャルな特典なので、ぜひダウンロードしてみてくださいね！

ダウンロード特典 1

イヴルルド遙華 監修
2024年のあなたを守る！守護漢字

詳細はP80へ

ダウンロード特典 2

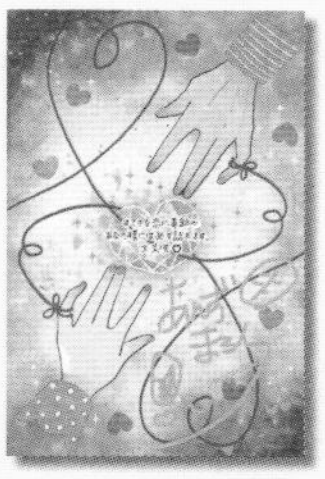

あんずまろん 監修
恋愛運爆上がり♡待ち受け

詳細はP88へ

ダウンロード特典 3

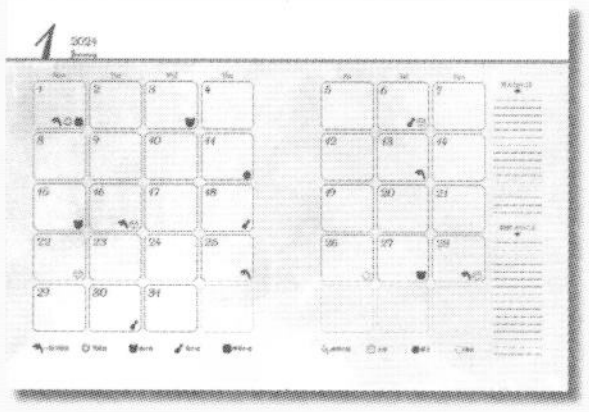

田淵華愛 監修
幸運引き寄せごよみ2024

詳細はP96へ

下記URLまたはスマホなどでQRコードを読み込み、特設サイトにアクセスしてください。

https://tkj.jp/dl/unmei2024/

ユーザー名 unmei2024TKJ　パスワード steadyUranai

※各特典の詳細につきましては、上記の該当ページをご参照ください。
※QRコードは株式会社デンソーウェーブの商標登録です。
※お客様のネット環境、端末などによりご利用いただけない場合があります。
※ダウンロードに伴うトラブルについては、宝島社は責任を負いかねます。
※本サービスは予告なく終了することがあります。
※特典がダウンロードできないことを理由とした書籍の返品には応じかねますので、あらかじめご了承ください。

特典ダウンロード期限：2023年12月21日～2025年12月20日

STAFF

カバーイラスト／スギタメグ　編集・ライター／冨田聖子、池田友樹（西瓜社）
編集／和田奈津子、齋藤萌香（宝島社）　ライター／谷 和美（P88-101）
デザイン／MACARONI DESIGN STUDIO（カバー、P1-51、112）、imaizumi design（P52-111）

鏡リュウジが占う

巻頭企画

あなたの恋と運命2024

鏡リュウジ

占星術研究家・翻訳家。1968年、京都生まれ。10代から多くのメディアで活躍。国際基督教大学大学院修士課程修了。東京アストロロジー・スクール主幹。新刊に『プレジデントムック星の開運ノート2024』（プレジデント社）。

外に出る機会が増え、出会いのチャンスにも期待が高まる2024年。素敵な出会いはどこで待っている？　恋も結婚も視野に入れ、あなたの運命を変えるような人を見つけて！

2024年のポイント

- いろいろなタイプの相手をチェック！
- 5月までに恋する気持ちを盛り上げる
- どんな恋がしたいかメモをしておく
- 結婚の条件はNGラインも重要に

後半に恋が盛り上がる！ 春までに恋の下準備を

1年の幸運を司る木星が、しっかりとした足取りから軽快なステップへと変わる2024年は恋愛も軽やかムードに。好印象を抱いた相手と楽しく過ごしていたら、いつの間にか運命が変わるほどの関係になっていたという展開もあり得るときです。広く、さまざまなタイプと恋をするのが楽しい時期ですが、5月下旬までは自分の感覚を大切にする牡牛座に木星が滞在。そのため、より価値観が近い相手を選ぶようにすれば、恋の満足度はさらにアップするでしょう。前半は大きな動きが少ないものの、初夏までの出会いが夏に素晴らしい花を咲かせる可能性大。恋する準備を着々と整えておけば恋も結婚も盛り上がっていく暗示です。年内の結婚を考えている場合は、自分なりの条件や期待を言語化しておくのがポイント。ハッピーな期待に満ちたポジティブ条件はもちろん、これだけは避けたいというラインも明確に。あらかじめきちんと言葉にしておけば、恋に悩んだときもすぐ答えを出せるはずです。

運命の出会いがある星座

Aquarius

1位
水瓶座

2位
乙女座

3位
牡牛座

運命激変の年となる水瓶座は出会いも期待大！ 特に後半に注目を。乙女座は出会いのチャンスが多い年。前半に出会った人と電撃結婚の可能性も。牡牛座の出会いにはインパクトが。目を見た瞬間、運命の人がわかるかも。

モテる星座

Capricorn

1位
山羊座

2位
牡羊座

3位
蠍 座

初夏までモテ期の山羊座。先々のことを考えすぎず恋を楽しんで。牡羊座は社交性アップ。幅広くいい出会いに恵まれそうです。蠍座は持ち前のカリスマ性が高まり、周囲を強く惹きつけます。断る力が必要になるほどかも。

結婚運がいい星座

Sagittarius

1位
射手座

2位
獅子座

3位
双子座

自由を愛する射手座にとっては珍しく結婚に前向きに。責任を負うことにもやる気が持てそう。続いて、しっかりとした安定を求める運気の獅子座が2位。今までと違う暮らしは大変だけど楽しいはず。双子座は秋の婚期に期待が持てます。

情熱的な恋をする星座

Aquarius

1位
水瓶座

2位
牡牛座

3位
蠍 座

水瓶座は思い出に残る恋をしそう。ときめく気持ちに素直になって。牡牛座には突然の出会いが。出会った恋に深くのめり込みそう。蠍座は危険な恋をする可能性あり。既婚者の誘いには用心して。フリーの人を狙うと最高の恋になるはず。

愛され力が高まる星座

Libra

1位
天秤座

2位
蟹 座

3位
魚 座

天性の社交性に、磁力のような愛され力が増す天秤座が1位。蟹座は横のつながりができる中で、いろいろなタイプから好感を持たれ、愛されそう。魚座は身近な人からのモテ運がアップしそうです。感謝の気持ちを大切にするとさらに開運。

牡羊座 ♈

03.21-04.19

話や趣味の合う人と縁が 2024年後半に期待大！

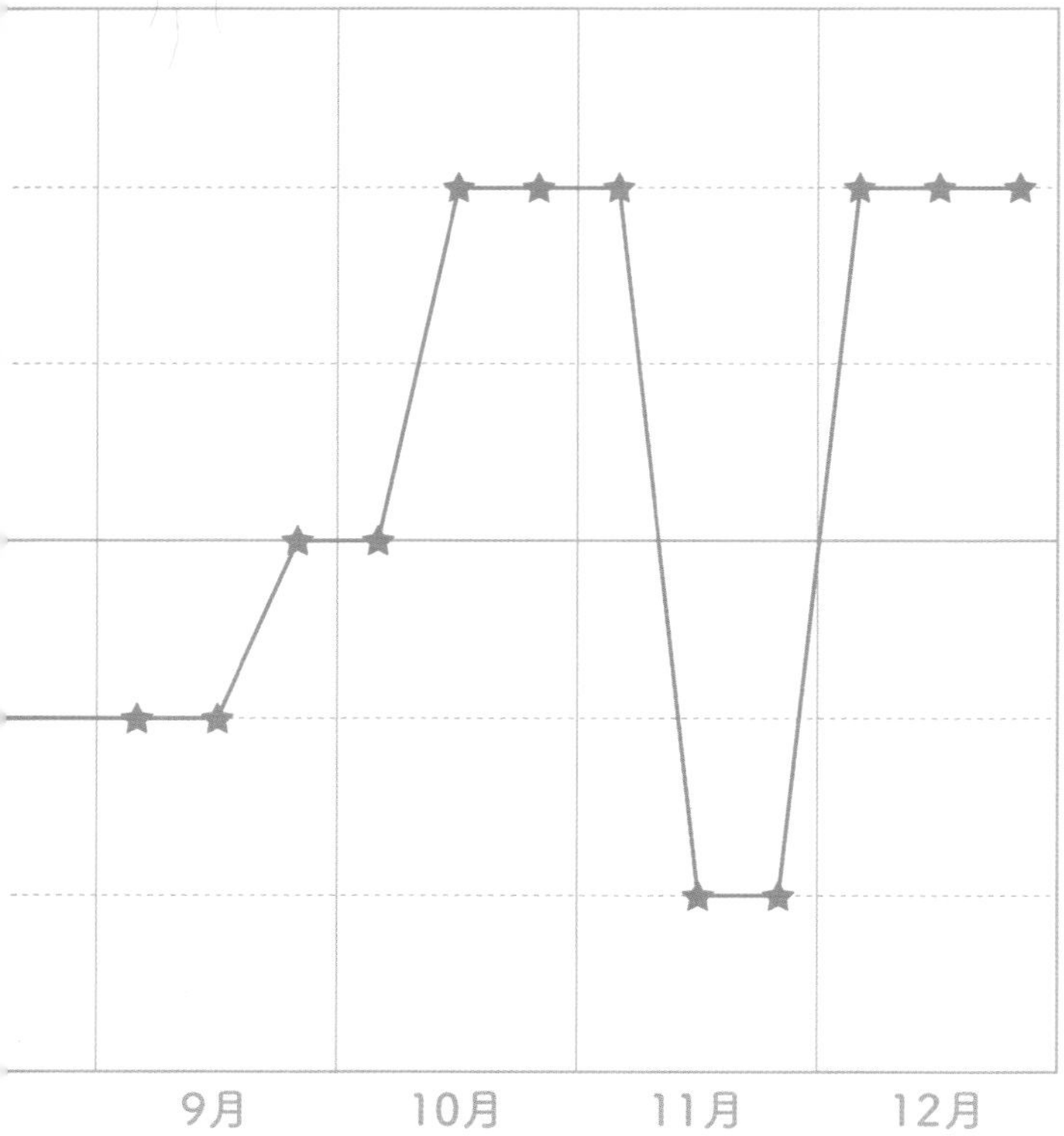

恋愛運

ストレートでまっすぐに気持ちを伝え、行動する牡羊座は、恋愛も情熱的。好きだとなれば押しの一手で恋を進展させていくタイプです。２０２４年はコミュニケーション力がアップし、出会いも多そう。いろいろなタイプと交流し、自分に合う人は誰かを見極めていくといいでしょう。最終的には価値観の合う相手が一番しっくりきそう。推しているアーティストが同じであったり、持ち物やお気に入りのファッションブランドが一緒だったりすると好意を抱きやすいはずです。春までは何かと仕事が忙しく、いい出会いがあってもゆっくり考える暇がないかも。年内に交際、あるいは結婚まで到達したいと思うなら、夏になり、２０２４年も後半に入ってきたら恋のアクセルを踏んで。本気を出せばどんどん話が展開し、結婚まで果たすのも無理ではないでしょう。試しに結婚相談所や婚活アプリで相手選びをしてみるのもいい経験になるはず。結婚のトレンドをつかめそうです。

2024年の恋愛グラフとチャンス日

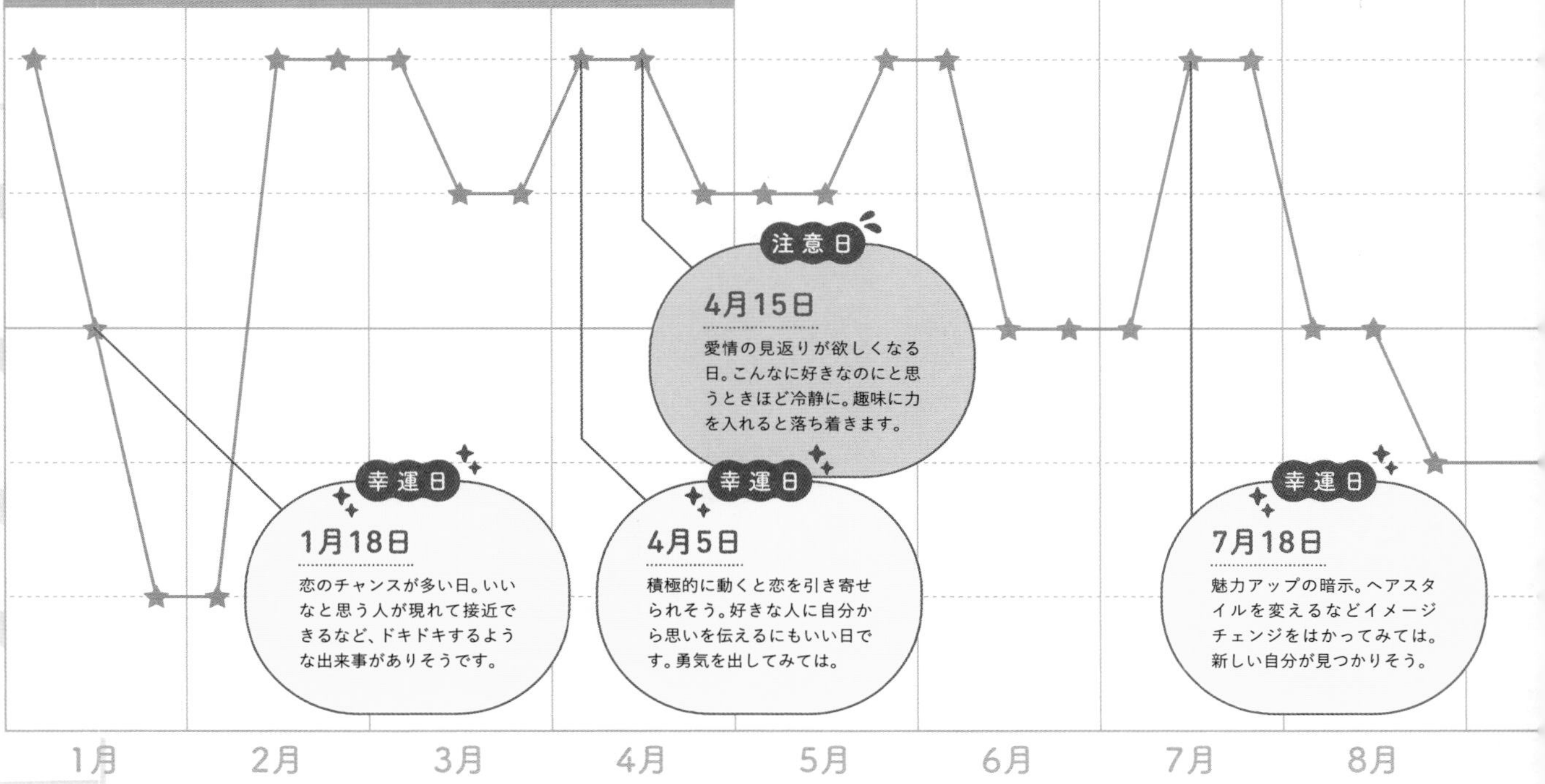
注意日
4月15日
愛情の見返りが欲しくなる日。こんなに好きなのにと思うときほど冷静に。趣味に力を入れると落ち着きます。
幸運日
1月18日
恋のチャンスが多い日。いいなと思う人が現れて接近できるなど、ドキドキするような出来事がありそうです。
幸運日
4月5日
積極的に動くと恋を引き寄せられそう。好きな人に自分から思いを伝えるにもいい日です。勇気を出してみては。
幸運日
7月18日
魅力アップの暗示。ヘアスタイルを変えるなどイメージチェンジをはかってみては。新しい自分が見つかりそう。
1月
2月
3月
4月
5月
6月
7月
8月

出会い

自分から積極的に恋を探しに行く

運気は好調ですが、待っているだけではなかなか理想の出会いが訪れないことも。積極的にさまざまな場所やイベントに参加してみるといいでしょう。特に、5月26日に木星が双子座に入ると、恋愛における行動力がアップし、新たな可能性が広がるはず。好奇心を大切にし、新しい体験や出会いに心を開くことで、縁を引き寄せられるでしょう。楽しみながら周囲の出来事に耳を傾け、あなたを幸せにしてくれる素敵な出会いに期待してみて。

恋と結婚

結婚に向けて本気で動きたいとき

この年は、結婚や同棲など人生の大きな決断を積極的に進めるのに適した時期です。自分とパートナーの関係を深め、お互いの将来を共有しましょう。特に夏以降は、お互いに本気で向き合うことで結婚話が一気に進展しそう。ここで大事なのは、感情だけでなく、経済面や生活環境など、さまざまな側面を考慮して計画を立てること。忙しい中でも相談を重ね、お互いが納得できる方向へ向かうための準備を着実に進めていきましょう。

幸せアドバイス

お互いのお気に入りの映画や小説を楽しむ

恋人や好きな人と、お互いが気に入っている小説や映画を楽しんでみましょう。作品を通じて感じたことや考えたことを話し合うことで、それぞれの興味や視点を理解できます。感想が異なっても、それは新しい話題や考えを生む素晴らしい機会です。お互いの違いを受け入れつつ、作品から得られる新しい発見や感動を共有してください。これは、お互いのつながりを深め、相手をよく知るための手がかりになっていくでしょう。

2024年の ラッキーパーソン
LUCKY PERSON

前半は穏やかな人、後半は自分を持った人

前半は、穏やかで落ち着いた雰囲気を持つ人が特に魅力的に映るでしょう。後半は確かな言葉を持つ人に注目を。はっきりと意見を述べることができる相手とはよい関係に。

2024年の アンラッキーパーソン
UNLUCKY PERSON

「こうすべきだ」を押しつける人はNG

「あなたにはこれが似合う」「あなたはこういう人だよね」というレッテルで可能性を狭めてくる人からは離れましょう。この時期は、自分の頭で物事を考えて行動して。

牡牛座

04.20-05.20

新しい出会いに恵まれる年 イメチェンでより運気上昇

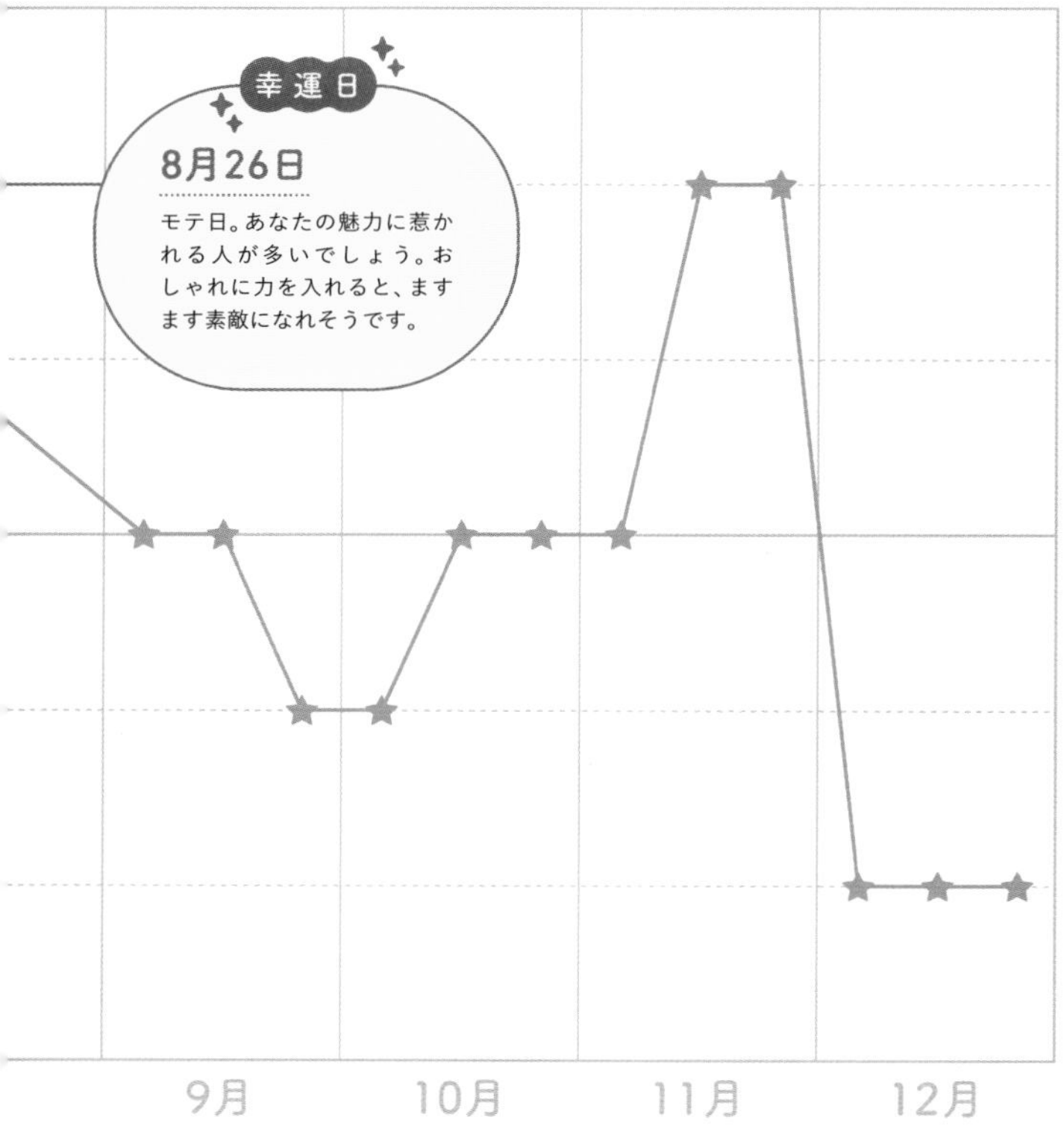

恋愛運

出会いと発展の運に恵まれる2024年。普段は慎重で衝動的な行動をすることの少ない牡牛座ですが、この1年は思いが高ぶり、出会いから結婚まで一気になだれ込むような展開があるかもしれません。運気の勢いと持ち前の責任感とがあいまって、好きだからずっと一緒にいたい、結婚して責任も引き受けたいという気持ちになりやすいでしょう。年明けから早くも結婚願望が強まっていき、出会う人の考えによっては春にはゴールインしている可能性も。長く交際しているならなおのこと、多少見切り発車で婚姻届を出してしまっても問題ないでしょう。ただ、後半にも出会いや結婚の運気は高まるので安心を。いい出会いなどありそうにないとがっかりせず、運気の勢いが増してくるのを楽しみに待っていて。髪を切るなどのイメチェンは運気アップにつながる開運アクション。自分でも恋を引き寄せたいと願うなら、周囲からの印象を変えるような行動を意識してみてください。

2024年の恋愛グラフとチャンス日

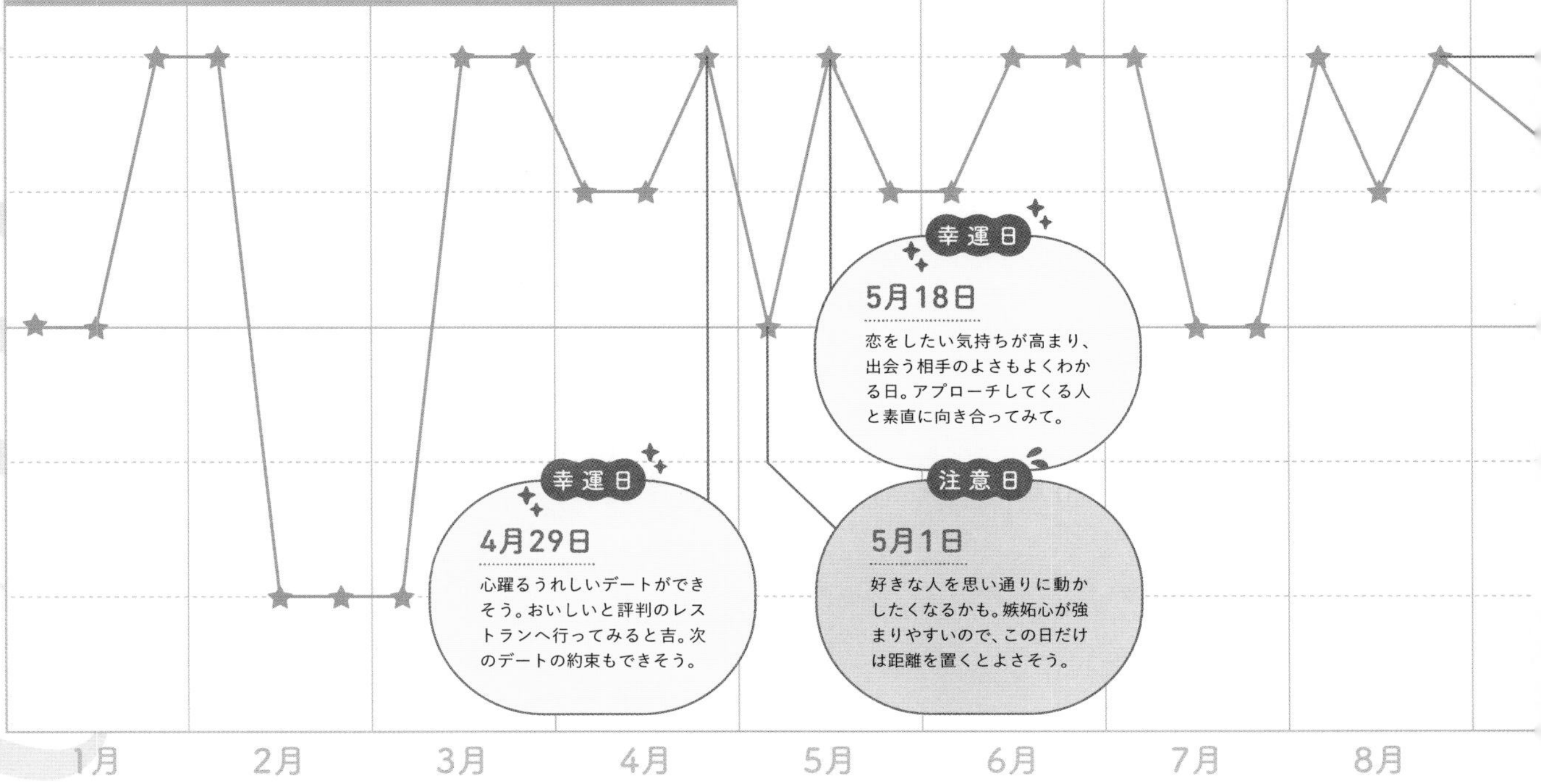
幸運日
5月18日
恋をしたい気持ちが高まり、出会う相手のよさもよくわかる日。アプローチしてくる人と素直に向き合ってみて。
幸運日
4月29日
心躍るうれしいデートができそう。おいしいと評判のレストランへ行ってみると吉。次のデートの約束もできそう。
注意日
5月1日
好きな人を思い通りに動かしたくなるかも。嫉妬心が強まりやすいので、この日だけは距離を置くとよさそう。
1月
2月
3月
4月
5月
6月
7月
8月

出会い

幸運の星の援護を受けられるうちに動く

5月26日に幸運の星である木星が牡牛座から双子座に動いたからといって、運気が急に落ち込むわけではありません。ただし、幸運の星のサポートを受けるこの期間には、自ら主体的に行動することが、新たな出会いを引き寄せる大きなカギとなるでしょう。2024年は、特に積極的に動いて、新しい出会いを探してみましょう。その際には、相手の本質をじっくり見極めつつ、長続きする関係を築くための意識を持って行動することを忘れずに。

恋と結婚

大きな転換期が到来 価値観を共有して

5月18日から23日までの期間は、牡牛座におけるパワフルな星の配置が続き、2024年の中でも特筆すべき重要なポイントになるでしょう。この期間は、結婚に関連する面でも大きな変化や進展が予想されます。この時期に訪れるチャンスを見逃さずにとらえることで運を引き寄せることができるでしょう。カップルは絆の深さが試されるとき。お互いに本当に大事なことは何か、どんな家庭を作りたいかなどをじっくり話し合ってみましょう。

幸せアドバイス

お互いに心地よい生活を見つける

生活スタイルを合わせることで、パートナーシップが見えてくるタイミングです。例えば、朝の食事スタイルはパン派かごはん派か、寝具はベッドか布団かなど、お互いが快適に過ごせる環境を共有することが大切です。実際に結婚や同棲に至らなかったとしても、好きな人のこだわりに耳を傾けることでお互いの心の距離が縮まるはず。一緒にいて気持ちよく生活できる環境を整えていくことが、円滑な関係を育む秘訣となるでしょう。

2024年の ラッキーパーソン

LUCKY PERSON

大胆な視点を持ち 変化を求める人

新しいアイデアや挑戦に対して開かれた姿勢を持ち、積極的に変化をサポートしてくれる人に注目。あなたが新しい恋や経験に踏み出すのを助けてくれるはず。

2024年の アンラッキーパーソン

UNLUCKY PERSON

今までの枠組みを 守ろうとする人

変化やリスクを嫌い、既存の恋愛スタイルにしがみつく人はNG。安定や確実性はあっても、物事が予測可能な枠組みの中では刺激を感じられないでしょう。

Gemini

双子座 Ⅱ

05.21-06.21

最高の出会い運が待つ年! 悩みに惑わされず、前を見て

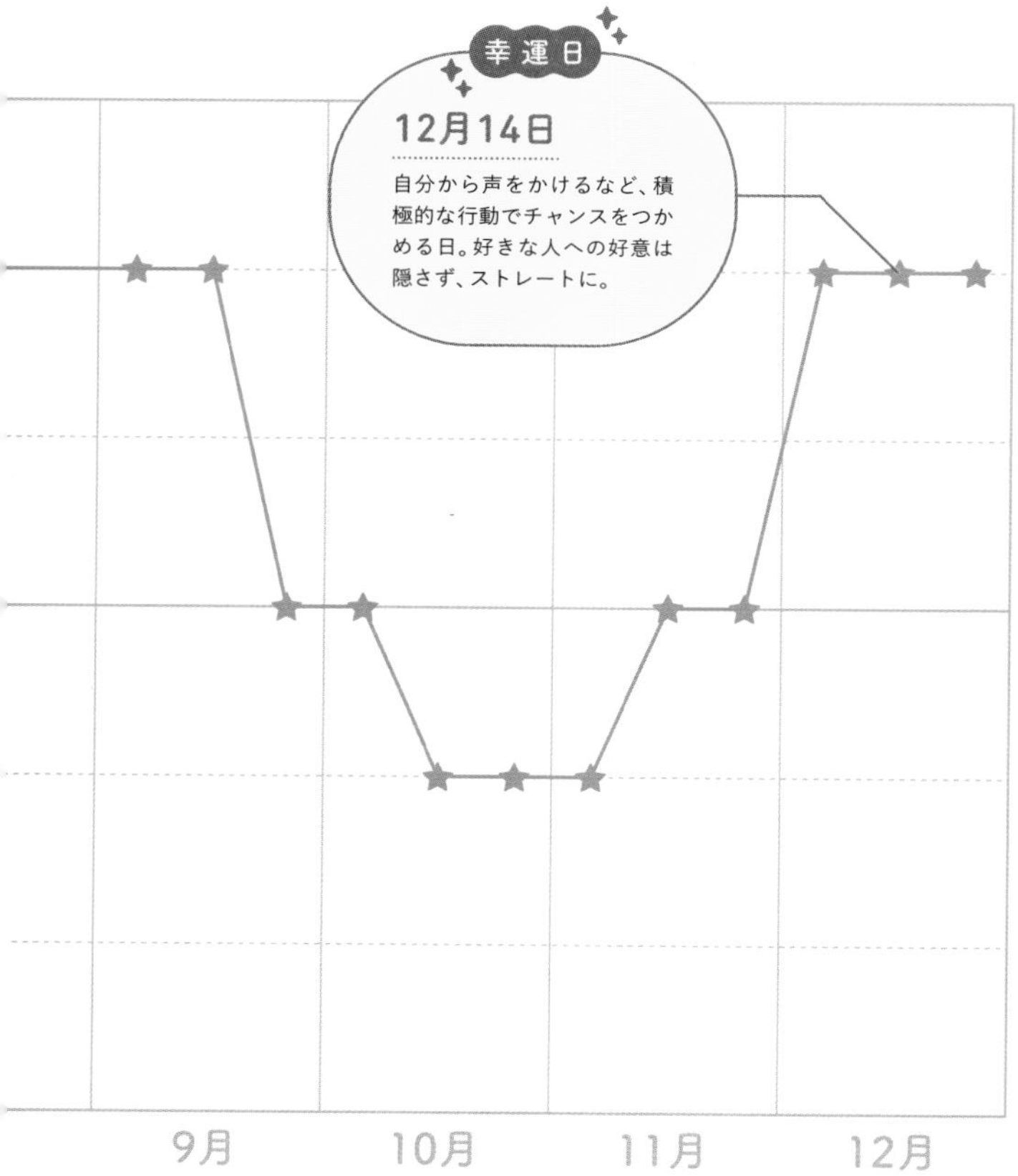
幸運日
12月14日
自分から声をかけるなど、積極的な行動でチャンスをつかめる日。好きな人への好意は隠さず、ストレートに。
9月
10月
11月
12月

恋愛運

好奇心が強く、コミュニケーション力の高い双子座。ただ、2024年は5月に入るまで悩みの多い運気が巡っており、自分らしくないと感じることが多そうです。ただ、5月になると状況は一変。12年に1度の最強幸運期に入って一気に事が動きはじめるでしょう。年明け早々から恋も結婚も運気が高まりますが、マリッジブルーに陥るかも。2023年の時点で結婚を決めていたなら予定を変えなくても大丈夫。悩みの原因を丁寧に解決し、幸せに向かって歩を進めてください。次に運気が盛り上がってくるのは夏以降。この時期には決断力もアップし、自分がどうしたいのかはっきりわかるようになっているはず。自分から告白、プロポーズをするのもあり。積極的に好きな人との関係を進展させていけるでしょう。気をつけたいのは心が弱っているとき。よからぬ誘いをかけてくる相手に流されるといいことはありません。甘えたくてもすぐ縁を切り、良縁だけをつなげていくと幸せに。

2024年の恋愛グラフとチャンス日

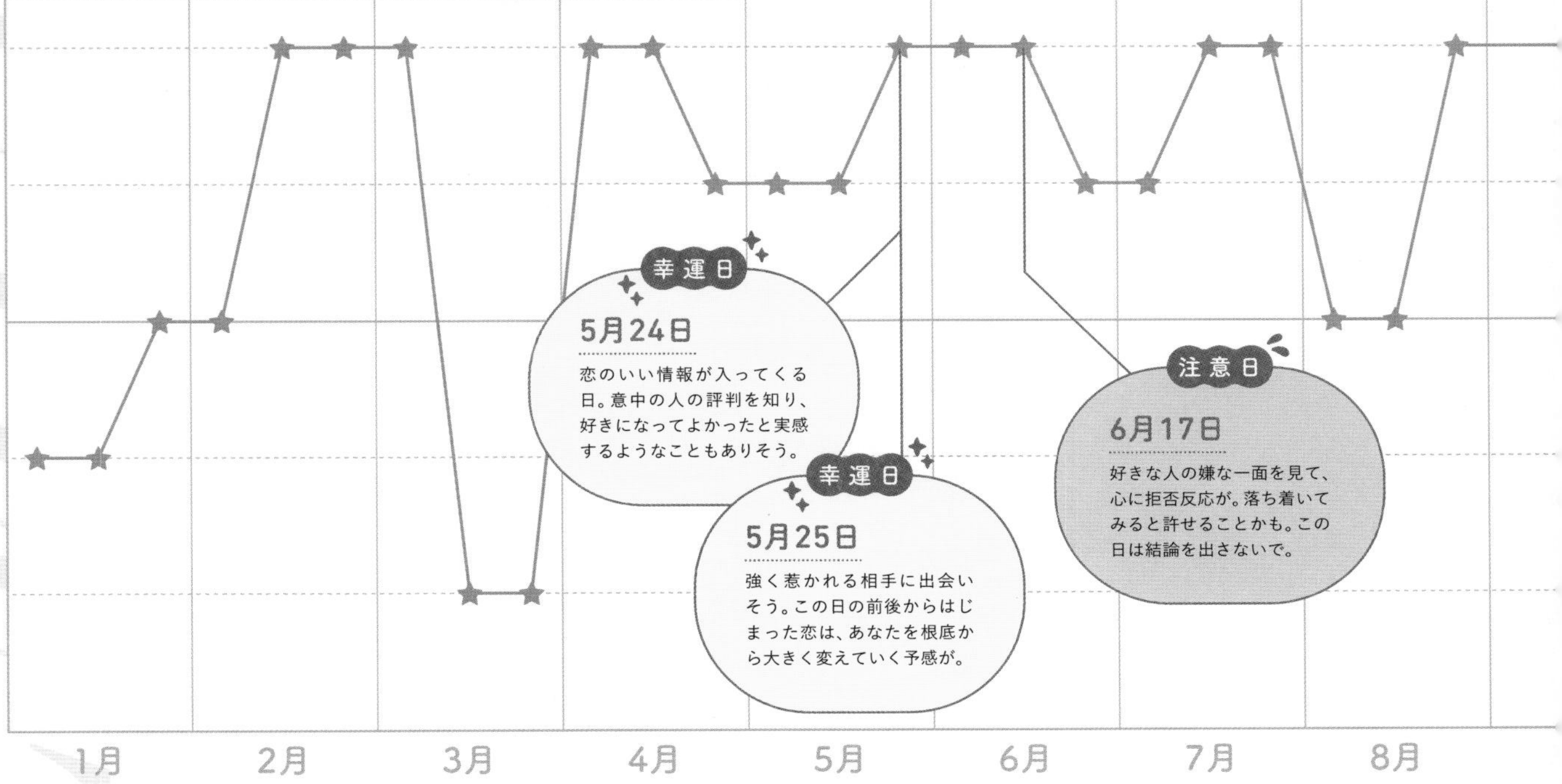
幸運日
5月24日
恋のいい情報が入ってくる日。意中の人の評判を知り、好きになってよかったと実感するようなこともありそう。
幸運日
5月25日
強く惹かれる相手に出会いそう。この日の前後からはじまった恋は、あなたを根底から大きく変えていく予感が。
注意日
6月17日
好きな人の嫌な一面を見て、心に拒否反応が。落ち着いてみると許せることかも。この日は結論を出さないで。
1月
2月
3月
4月
5月
6月
7月
8月

出会い

9月は出会いのチャンス！積極的に行動を

木星が双子座に入る2024年の後半は出会い運も上昇する予感。特に、9月中旬には、金星が木星とよい角度を形成し、恋の場面で幸運な時期となる可能性があります。このタイミングでは、出会いのチャンスが広がり、特にシングルの人にとっては素敵な出来事が起こるかもしれません。今後につながる縁や関係性を築くチャンスが待っているので、積極的に出会いを求めたり、新たな人との交流を楽しんだりしてみるといいでしょう。

恋と結婚

共感性が高まりそう衝突は避けて

気持ちが呼応しやすいタイミングです。相手のよい面や素晴らしい思い出を共有することで、お互いの絆がさらに深まるでしょう。感謝や愛情を伝え合うことも、関係性を強化するのに効果的です。ただし、ケンカや対立には注意が必要。意見の違いや衝突があっても、相手の気持ちを尊重し、冷静に話し合うことで、決定的な断絶を避けられるはず。仕事面でのハードルを乗り越えることで、結婚への自信がついてくる兆しも。

幸せアドバイス

美に触れることで関係が活性化

好きな人やパートナーと一緒に、美しい作品や芸術に触れましょう。それによって関係がマンネリに陥らず、新たな視点や感性を刺激し合えます。美術展や美しい景色を見ることで、心が豊かになり、感動を共有することができるはず。アート作品からインスピレーションを受け、お互いの感想や考えを話し合うことは、関係性を深めるよい機会となるでしょう。出かけるときは、あまりあくせくせず、優雅な時間の流れを味わってください。

2024年の ラッキーパーソン
LUCKY PERSON

あなたをあと押しし地位を高めてくれる人

あなたの野心や夢を応援してくれる力を持った人に注目を。その人のあと押しで社会的地位が高まることで、自信が高まり、結果的には結婚に対しても前向きになれるでしょう。

2024年の アンラッキーパーソン
UNLUCKY PERSON

やけに悲観的で不満だらけの人

すぐにネガティブなことや不平を言う人は、あなたのモチベーションを下げてしまいます。彼らは悲観的な視点から物事を見がちであり、あなたも前向きに恋がしづらくなりそう。

Cancer

蟹座

06.22-07.22

今までいなかったタイプと甘い恋に落ちていくかも

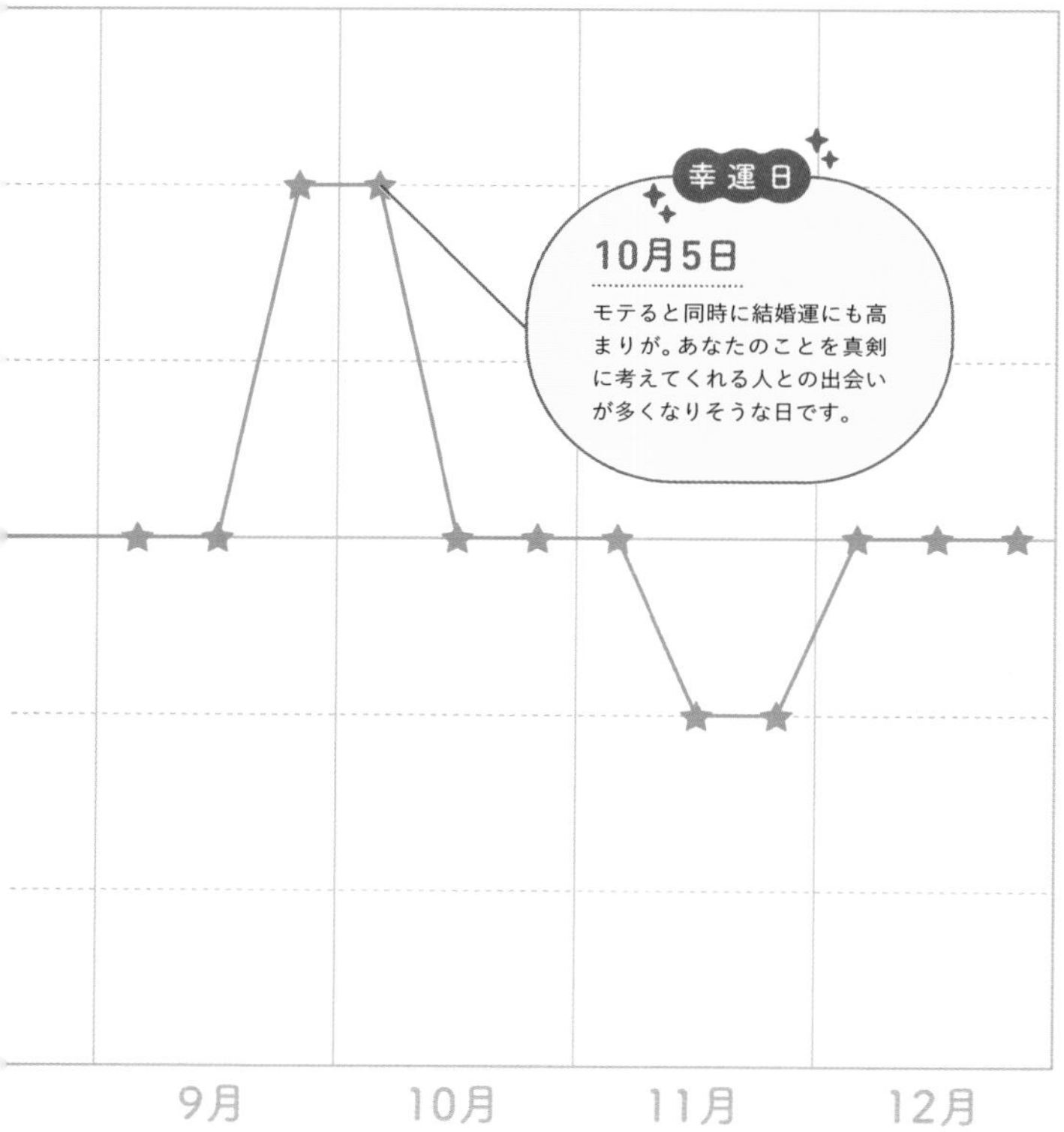
幸運日
10月5日
モテると同時に結婚運にも高まりが。あなたのことを真剣に考えてくれる人との出会いが多くなりそうな日です。
9月
10月
11月
12月

恋愛運

面倒見がよく身近な人を大切にする蟹座の2024年は、横のつながりができて世界が広がる年になります。意外な場、思いがけないタイミングで恋に落ちるなど予想外な出来事も多くなるでしょう。いつもと同じ場所にずっといるのではなく、できるだけその世界から一歩外へ出ると、個性的で刺激をくれる人との出会いに恵まれ、素敵な恋ができるはずです。前半は仕事が忙しく、婚約や結婚は考えづらいかも。すでに予定されている場合は問題なく進められそうですが、そうでなければ焦らないほうがよさそうです。運気が高まってくるのは夏が近づく頃。新しい恋のチャンスが次々にやってきて、ときめきを感じることが増えるでしょう。特にロマンチックなアプローチをしてくれる人には弱く、甘い言葉に気持ちが傾いていきそうです。交際を決定づけるポイントとなるのは、その人が本気かどうか。つい雰囲気に酔ってしまいがちですが、そこだけはシビアに見極めて。

2024年の恋愛グラフとチャンス日

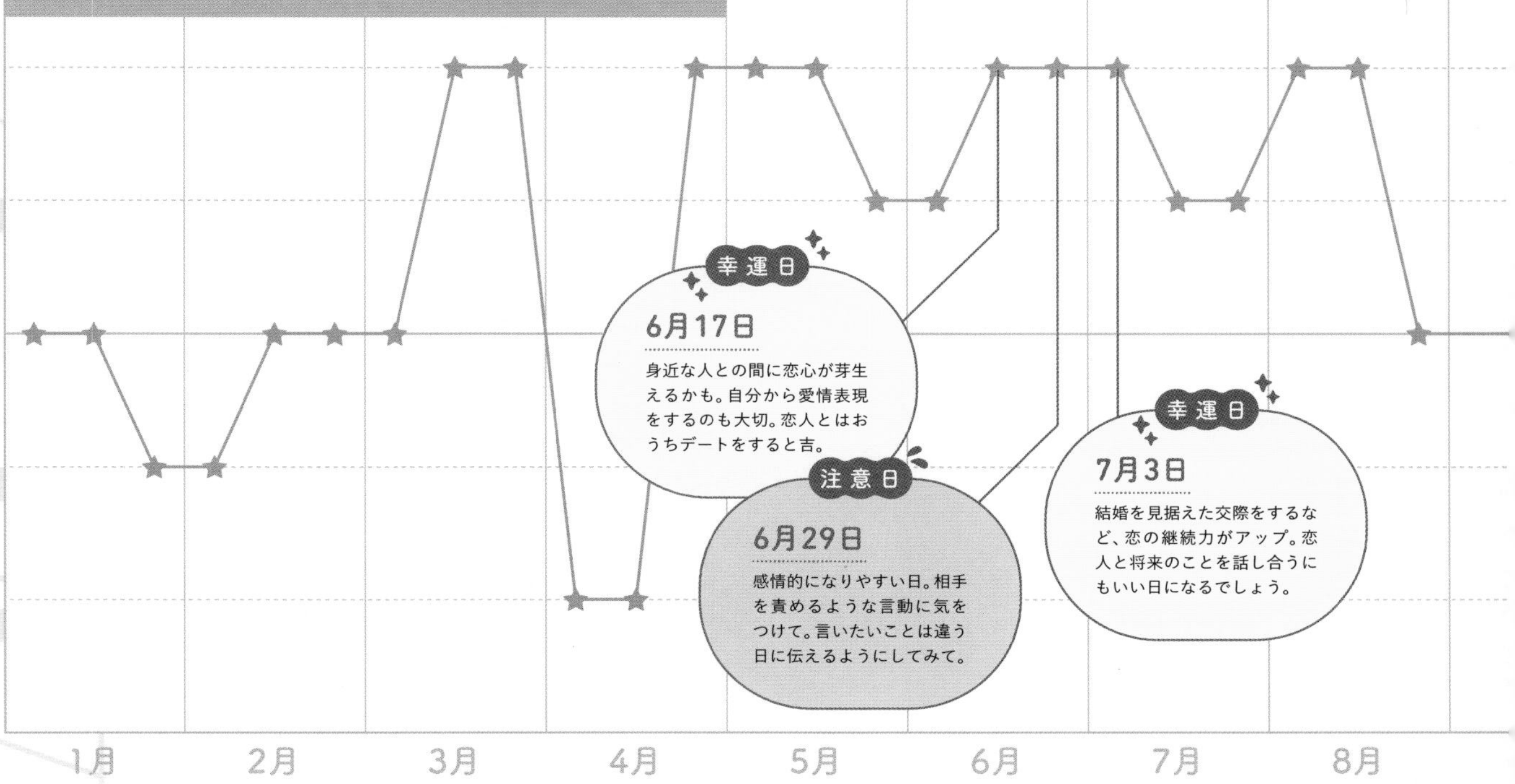
幸運日
6月17日
身近な人との間に恋心が芽生えるかも。自分から愛情表現をするのも大切。恋人とはおうちデートをすると吉。
注意日
6月29日
感情的になりやすい日。相手を責めるような言動に気をつけて。言いたいことは違う日に伝えるようにしてみて。
幸運日
7月3日
結婚を見据えた交際をするなど、恋の継続力がアップ。恋人と将来のことを話し合うにもいい日になるでしょう。
1月
2月
3月
4月
5月
6月
7月
8月

出会い

初夏は出会いの好機 友人の紹介も◎

6月から7月にかけては、蟹座にとって素晴らしい出会いのチャンスがもたらされる星回り。これは、出会いや恋愛に関する特別な時期であり、その波に乗ることで、新たな人との素敵なつながりを見つけるチャンスが訪れるかもしれません。長く続くパートナーシップや本物の愛を見つけやすいときでもあるので、できるだけ自由に動けるよう準備を整えておきましょう。また、2024年は友人の紹介から出会いが訪れる兆しも。

恋と結婚

結婚願望が湧くとき 相手選びはしっかりと

2024年はあなたの中で、結婚へのモチベーションが大きくなるとき。木星と天王星が「願望のハウス」でよい角度をとると、急激に「結婚したい」という願望がクローズアップされそうです。相手を選ぶのであれば、何でもかんでもあなたに合わせてくれる人より、自分なりの価値観を持ち、それを大切にしている人が理想的です。あなた自身、結婚に対して真剣な気持ちを抱いているのであれば、積極的に行動を起こしましょう。

幸せアドバイス

あえてひとりになる 時間を作ってみる

周囲の人を大事にするあなたですが、2024年は、にぎやかな場所から少し距離を置き、意識的に自分だけの時間を持つことが、恋愛に新たな風を運んでくるかもしれません。ひとりの時間を楽しんで過ごし、自分の本当の気持ちを見つめ直すことで、思わぬ形で恋愛が訪れるかも。人に流されず、独自のライフスタイルを貫いて生きるあなたを見て「かっこいい」「話してみたい」と思ってくれる相手が現れる可能性も高そうです。

2024年の ラッキーパーソン
LUCKY PERSON

新たな可能性を感じさせてくれる人

新しい視点や世界を見せてくれる人との関係を大切にしましょう。その人は、異なる価値観や考え方を持っていて、その多様性や独自の考え方が、学びをもたらしてくれるはず。

2024年の アンラッキーパーソン
UNLUCKY PERSON

何でもかんでも頼ってくる人

依存的な人に注意してください。あなたの負担が増えたり、相手の問題を解決する責任を感じたりすることは避けるべきです。自分の時間やエネルギーを守るために距離を置いて。

獅子座

♌

07.23-08.22

忙しく時間のない中にも恋の芽生えを感じられそう

恋愛運

百獣の王である獅子座は、誰にも負けないプライドによって輝き、同時にその内面に大きな不安を抱える星座です。人に頼られるにふさわしい自分なのかと、いつも厳しく自問自答しているでしょう。そんな獅子座の２０２４年は、幸運の星が天頂に達し、社会的な物事とのつながりが密になるとき。あちこちから求められ、忙しくなりますが、その合間を縫うように恋愛運も高まります。今がチャンスだ、と星がささやきかけてくる瞬間を逃さないで。

あなた自身の気持ちが盛り上がり、忙しさが一段落して、まるでエアポケットのように恋をする時間ができたときや、強くアプローチされて否応なく恋の渦中に巻き込まれていくとき、あなたは自分の中から湧き上がる恋心を強く感じるでしょう。どんな場合も、燃えるような恋の主人公はあなたです。自信を持って愛する人と向き合えば充実した愛の時間を過ごせるでしょう。この冬は恋愛に関する重大な決断を下すかもしれません。

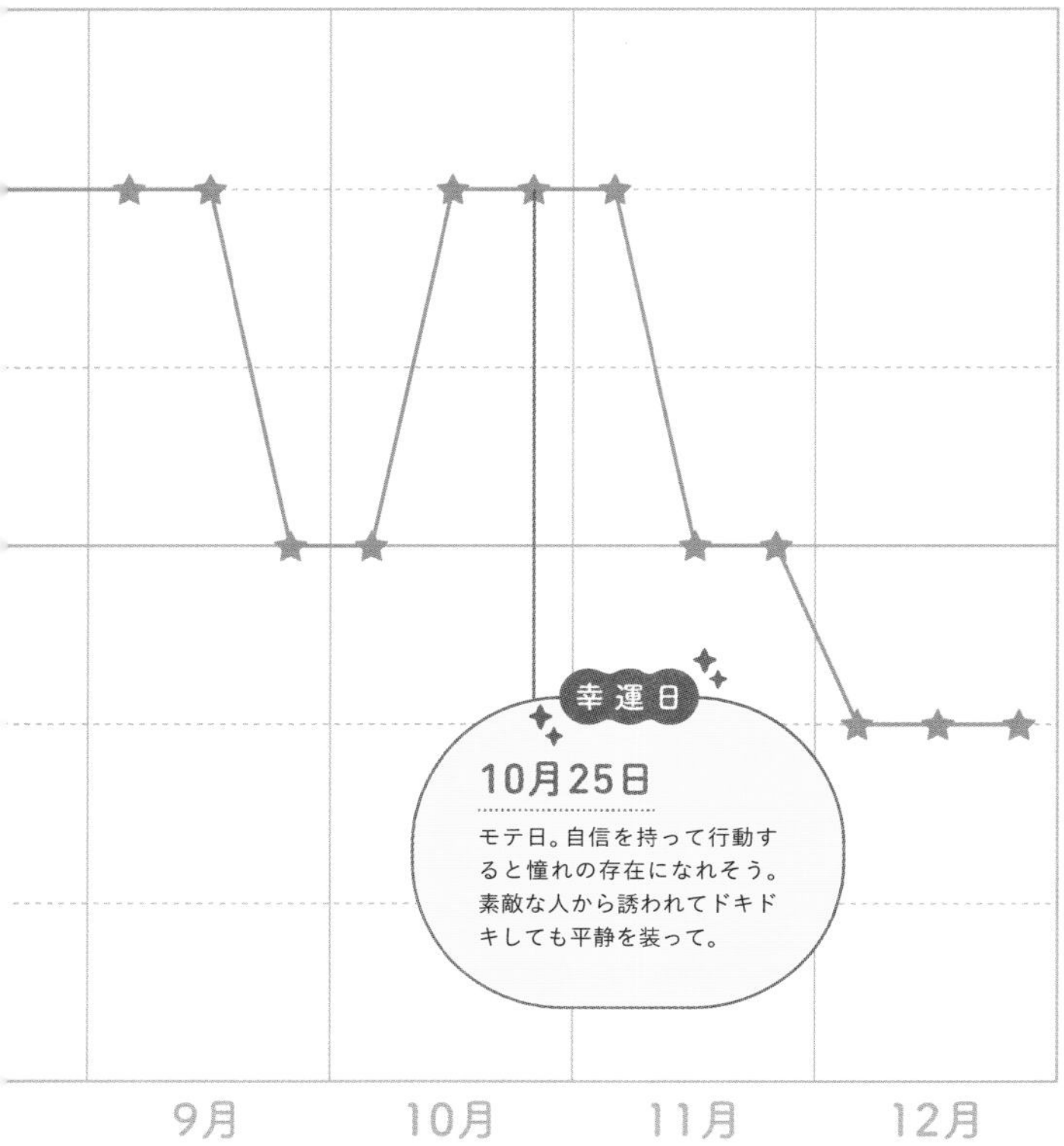

2024年の恋愛グラフとチャンス日

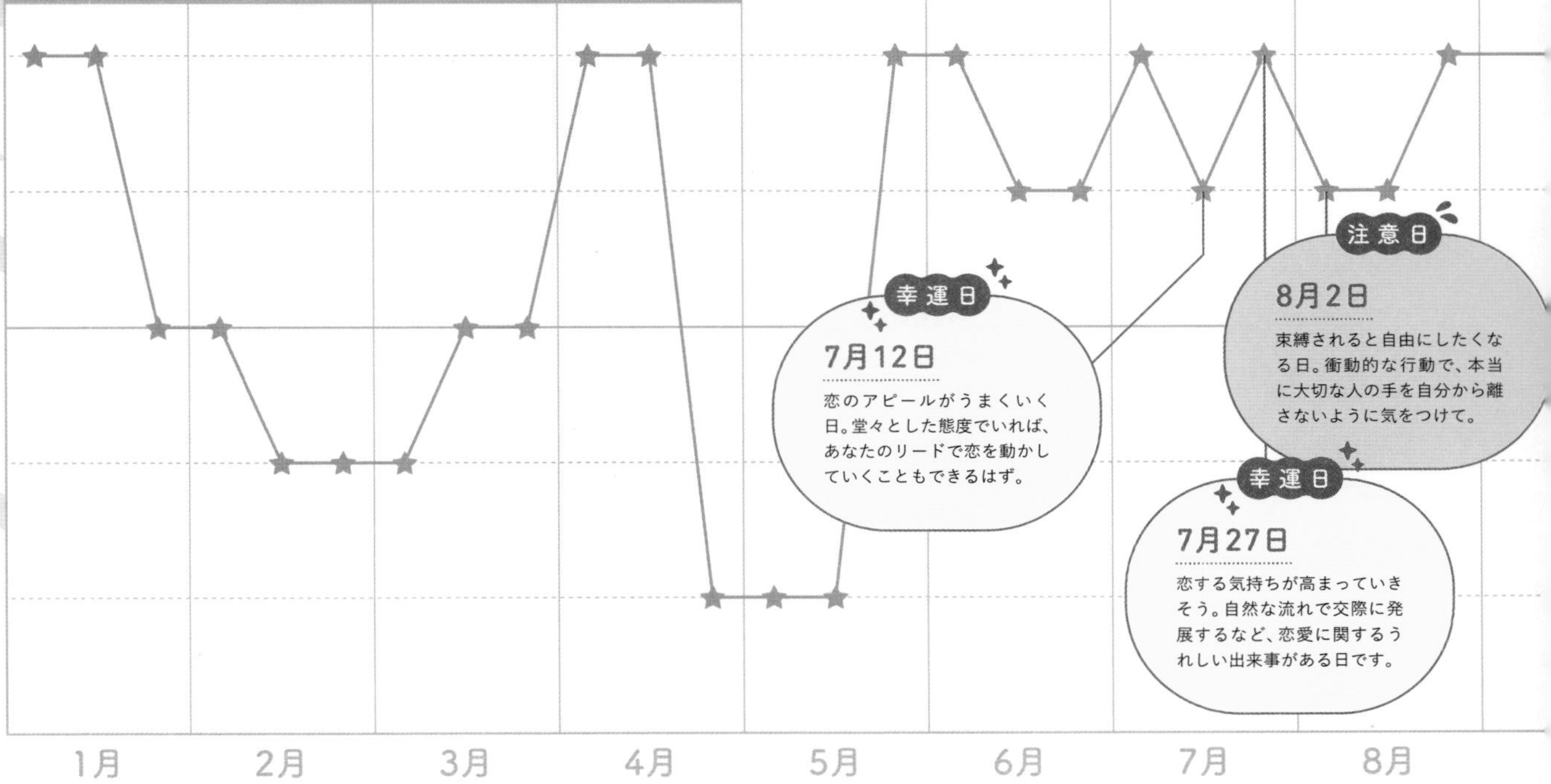
幸運日
7月12日
恋のアピールがうまくいく日。堂々とした態度でいれば、あなたのリードで恋を動かしていくこともできるはず。
注意日
8月2日
束縛されると自由にしたくなる日。衝動的な行動で、本当に大切な人の手を自分から離さないように気をつけて。
幸運日
7月27日
恋する気持ちが高まっていきそう。自然な流れで交際に発展するなど、恋愛に関するうれしい出来事がある日です。
1月
2月
3月
4月
5月
6月
7月
8月

出会い

仕事に理解がある相手を見つけて

2024年は出会い運が高まる反面、自分自身の生活や仕事とのバランスを再考するタイミングでもあります。特に、仕事場では取引先や同僚など新たな恋の出会いが期待できるかも。とはいえ忙しい時期なので、相手があなたを縛らない自由な距離感を尊重してくれる人なのかどうか、よく確認を。お互いのライフスタイルや個人の時間を尊重し、公私のバランスがとれた付き合いができる相手となら将来を考えた交際をはじめられるでしょう。

恋と結婚

その場限りの関係より共に歩める相手選びを

2024年は、その場限りの恋に流されやすい時期。特に夏前は魅力が活性化していて、多くの人々があなたに惹かれるかもしれません。しかし、この時期はリスクのある関係に流されやすい面も。その結果、大事なものを手放さないよう、一時的な情熱や興奮だけでなく、将来を共に歩む相手としての魅力や価値を見極めることが必要です。そして、その関係が本当に自分の幸せにつながるかどうかをじっくり考えるようにしてください。

幸せアドバイス

プライドを捨てて相手の意見を聞く

相手の意見やアドバイスに従ってみること。小さなプライドが邪魔して、自分を変えることが難しいところがある獅子座ですが、2024年は好きな人や気になる相手から指摘されたことを意識的に直してみましょう。自分の欠点や課題を素直に認めることで、人間としてもステージアップできますし、コミュニケーションもスムーズになるはず。また、いつも気を張っているのであれば、この時期はあえて油断した表情を見せるのも◎。

2024年の ラッキーパーソン
LUCKY PERSON

頭の回転が速い人が恋の良き助言者に

聡明で頭の回転が速い友人がラッキーパーソンに。その人は知恵と洞察力を持ち、あなたが悩んでいるときに恋のアドバイスや意見を提供してくれるでしょう。

2024年の アンラッキーパーソン
UNLUCKY PERSON

一夜限りの愛に誘ってくる人

一夜限りの愛に誘う人との関係は、複雑であり、感情的にも心理的にも負担になる可能性があります。一時的な快楽や満足感は得られても次第にむなしくなりそう。

Virgo

乙女座 ♍

08.23–09.22

恋のチャンスが多い年 楽しむ気持ちが運を高める

恋愛運

恋のチャンスは1年の中にいくつもあり、特に結婚も含めると前半に好機が集中する星回りです。もともと乙女座は物事を順序立てて行うのが得意で計画的。しかも達成の運気が巡ってきますから、2024年は恋も結婚も楽しみながらゴールインを目指せるときだといえるでしょう。ただ、持ち前の気質と運気の流れとがあいまって、ときめきを感じ、いい雰囲気で進展している最中にふと感じる「本当にこれでいいのかな?」という心配の気持ちが曲者。せっかく順調に進んでいるのに、その疑問が急にあなたを不安にさせてしまうのです。実際に大きな問題が起こる心配はないので安心して。そして、小さな不安や心配をひとりで抱え込まず、大切な人と分かち合って理解するほうへ力を尽くしましょう。仕事などで多忙なときも増えていく年ですが、SNSの短いやりとりでもこまめに送ると心が落ち着くはず。少しずつ折り合いをつけながら、寄り添うように恋を楽しんで。

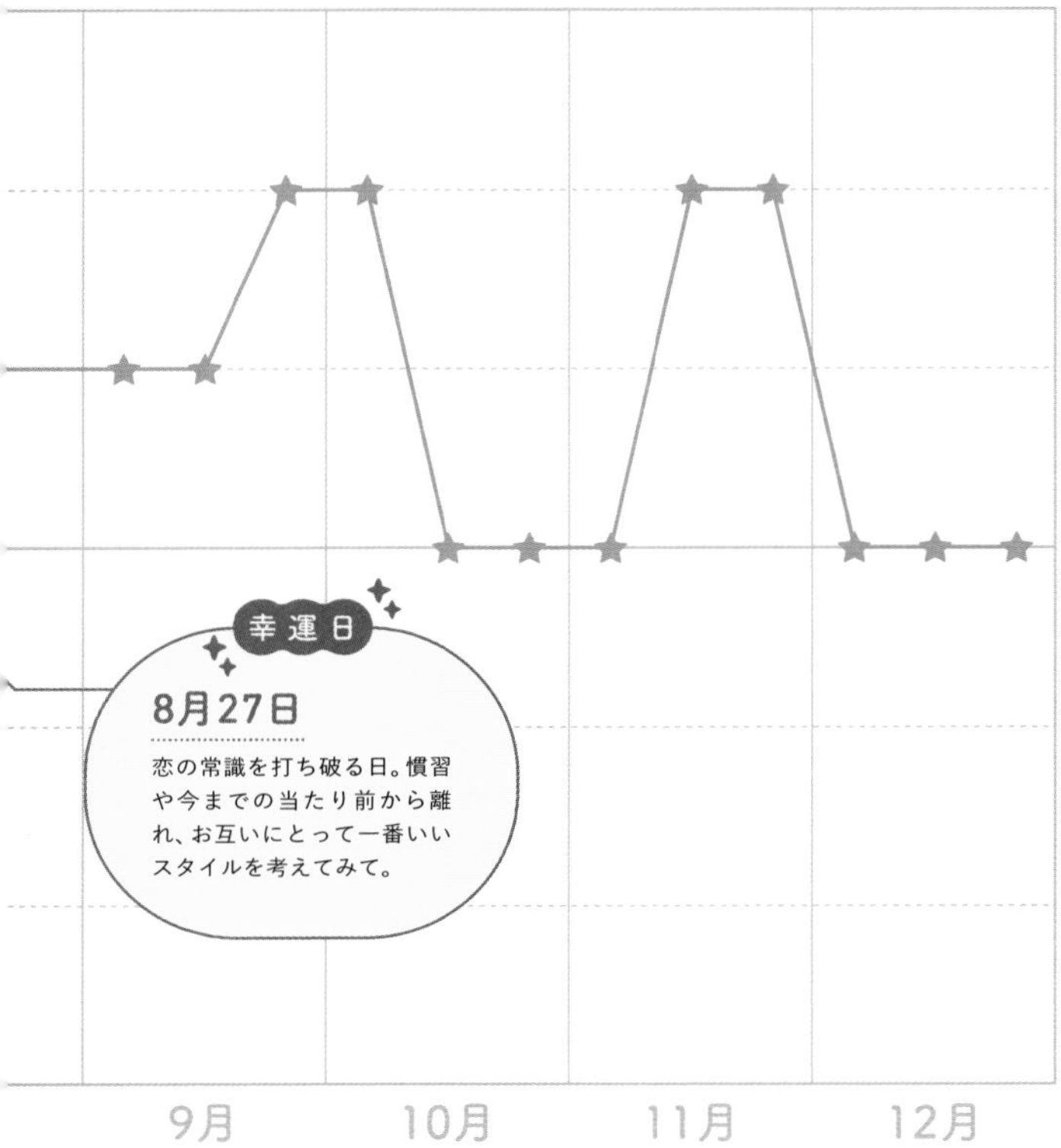
幸運日
8月27日
恋の常識を打ち破る日。慣習や今までの当たり前から離れ、お互いにとって一番いいスタイルを考えてみて。
9月
10月
11月
12月

2024年の恋愛グラフとチャンス日

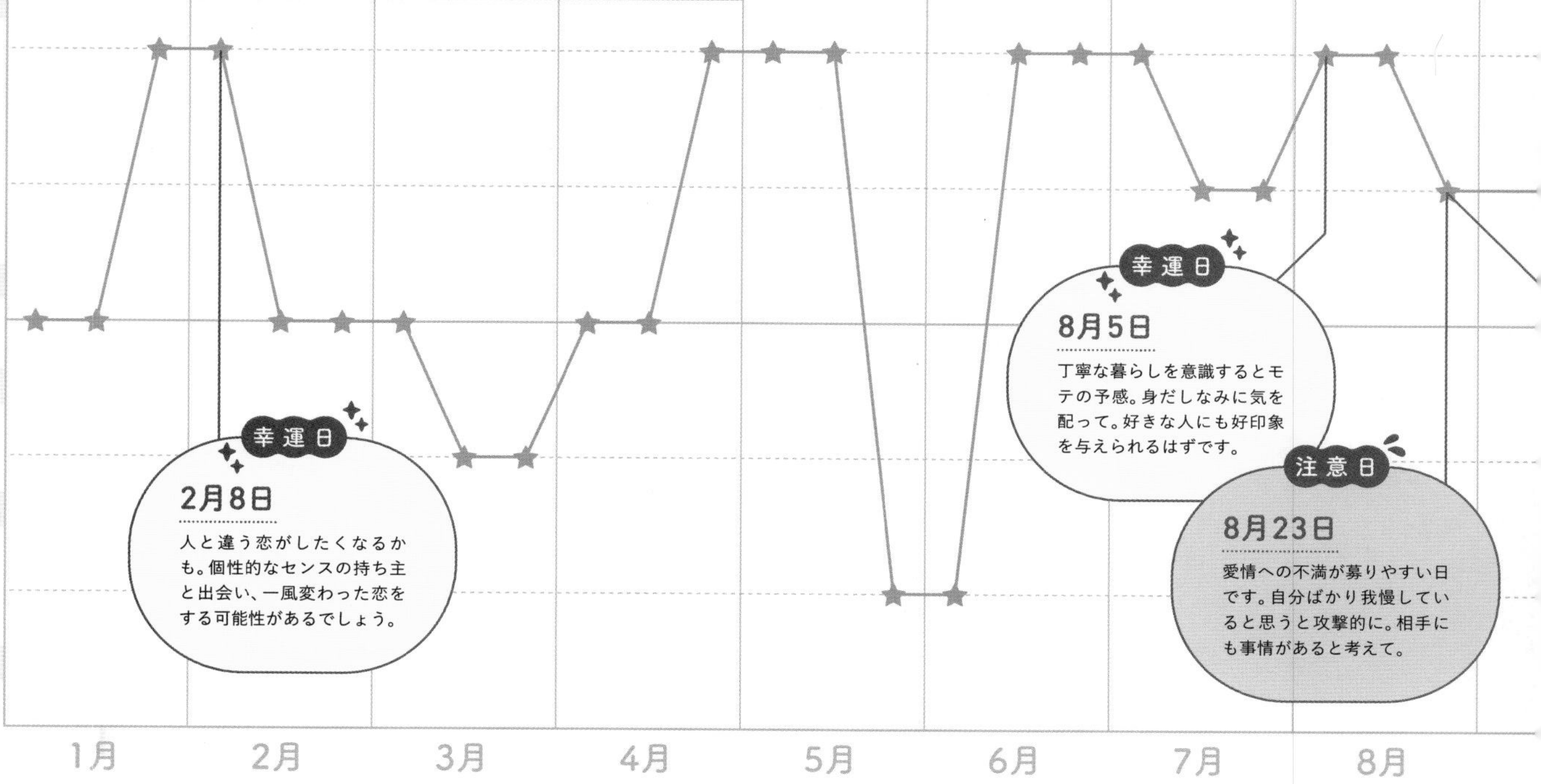

幸運日
2月8日
人と違う恋がしたくなるかも。個性的なセンスの持ち主と出会い、一風変わった恋をする可能性があるでしょう。
幸運日
8月5日
丁寧な暮らしを意識するとモテの予感。身だしなみに気を配って。好きな人にも好印象を与えられるはずです。
注意日
8月23日
愛情への不満が募りやすい日です。自分ばかり我慢していると思うと攻撃的に。相手にも事情があると考えて。
1月
2月
3月
4月
5月
6月
7月
8月

出会い

細かい部分よりも全体に目を向ける

2024年の乙女座の出会い運は、新たな可能性とワクワク感に満ちたものになりそう。まだ見ぬ人との出会いが待ち遠しいところですが、ここで気をつけたいのは「細部まで観察しすぎないこと」。乙女座は観察力に秀でていますが、この時期は相手がどんな人なのか、俯瞰して見ることが大切です。顕微鏡ではなく望遠鏡や双眼鏡を使い、ざっくりとした全体像を見るイメージ。そうすれば、相手の特徴や魅力を探ることができるでしょう。

恋と結婚

これまでに築いた関係が試されるとき

2月末に重要なパートナーシップの変化が訪れる兆しがあります。これまで惰性で続いていた関係は、終わりを迎える時期となり、それによって新たな段階がはじまるかもしれません。一方で、真剣に相手と向き合ってきた人との絆は、より強固なものとなり、確かな未来へとつながることが期待されます。これまで真摯に関係を築こうとしてきた相手とは、これから先も信頼できるパートナーとして共に歩む可能性が高いでしょう。

幸せアドバイス

海外旅行先で新たな出会いが

9月18日の魚座の月食は、出会い運や人間関係に大きな変化をもたらす可能性があります。この時期は新たな人との出会いが生まれるかもしれません。その結果、恋愛関係やパートナーシップにおいても発展の機会が訪れることも考えられます。また、2024年は、旅行にいいタイミングです。特に、長らく海外に行っていなかった人は、新たな体験や刺激を求めて出かけると、そこで幸せな恋の出会いが待っているかもしれません。

2024年の ラッキーパーソン
LUCKY PERSON

新たな世界に連れ出してくれる人

新たな視点や可能性を示してくれる人が恋のラッキーパーソンに。その人に誘われて出かけた旅行先で運命の出会いをする兆しも。一緒に語学スクールに行くのも◎。

2024年の アンラッキーパーソン
UNLUCKY PERSON

仕事を邪魔して誘ってくる人

仕事を妨げるような行動を示す人に注意しましょう。「仕事なんてあと回しにして遊ぼうよ」「飲みに行こうよ」といった誘いは、長い目で見るとあなたのためにはならないはず。

Libra

天秤座 ♎

09.23 – 10.23

心に深く入ってみることで愛を確かめ合えるとき

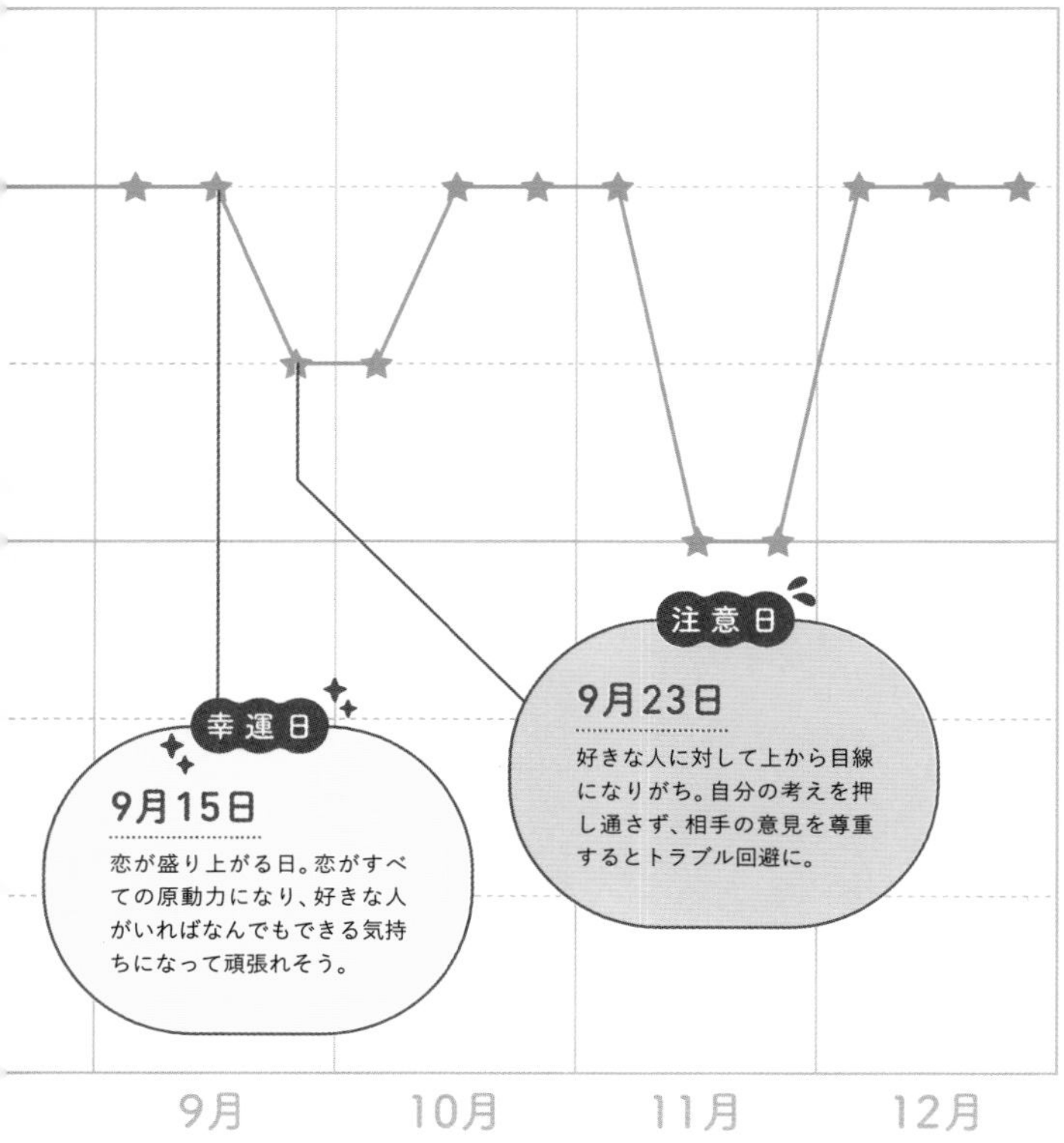
幸運日
9月15日
恋が盛り上がる日。恋がすべての原動力になり、好きな人がいればなんでもできる気持ちになって頑張れそう。
注意日
9月23日
好きな人に対して上から目線になりがち。自分の考えを押し通さず、相手の意見を尊重するとトラブル回避に。
9月
10月
11月
12月

恋愛運

適度な距離感をとるのが抜群にうまく、バランス感覚に長けた天秤座は人間関係の達人。内心で思うことはいろいろあっても、それを顔に出さず社交的に振る舞えるタイプです。2024年はそこにカリスマ性が加わり、魅惑的に。あらゆる立場の人から好かれる人気者となれる年です。それだけに、好みではない相手も惹きつけてしまいそう。目ヂカラの強まるときですから、見つめる相手は本命だけに絞って。そうすれば、確実に意中の人を射止められるはずです。また、日頃は人の心に土足で踏み込むようなことをしない天秤座ですが、5月までは沼にハマるのを恐れないこと。失礼かな、相手に悪いかなと思うような場面でも、相手の本心を知りたい、あるいは知ってもらいたいと思うときはグッと踏み込んでみて。そのときは怒ったり泣いたり、あまり表に出したくない、感情的な姿を見せ合うことになるかもしれません。しかし、そこからさらに絆が深まっていくはずです。

2024年の恋愛グラフとチャンス日

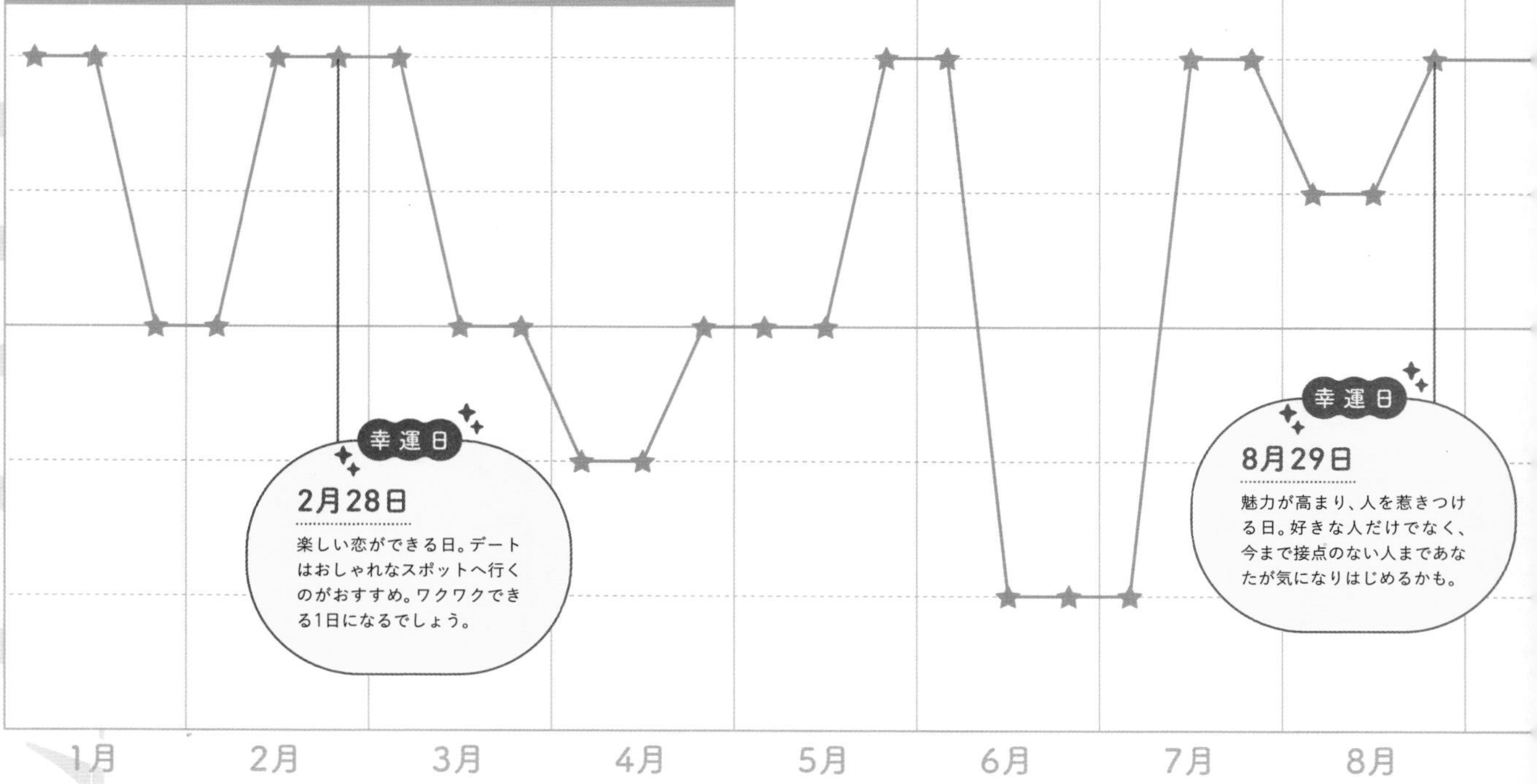

幸運日
2月28日
楽しい恋ができる日。デートはおしゃれなスポットへ行くのがおすすめ。ワクワクできる1日になるでしょう。
幸運日
8月29日
魅力が高まり、人を惹きつける日。好きな人だけでなく、今まで接点のない人まであなたが気になりはじめるかも。
1月
2月
3月
4月
5月
6月
7月
8月

出会い

新たな恋の幕開け ロマンスを楽しんで

出会いのチャンスが訪れています。シングルの人にとっては、2月14日が新たな恋愛関係の幕開けとなるかもしれません。この時期は、ロマンチックな恋の兆しが見えているので自分に磨きをかけて。そして、2月22日には金星と火星の影響で情熱や興奮をもって臨める恋の訪れが予感されています。このタイミングでは、セクシャルな関係に身を投じるのもあり。新たな出会いやロマンスの高まりが期待されるので、自分自身を解放して。

恋と結婚

結婚を見据えて 絆を育むとき

2024年は新たな人間関係やパートナーシップにおいて重要な時期となるでしょう。結婚に向けての動きや深い絆を築くチャンスが訪れる可能性があります。この年は、すでにパートナーがいる人にとっては、結婚を考える時期かもしれません。そして、シングルの人にとっては、同棲をするなど、より深い関係性を築ける相手と出会うチャンスが訪れる可能性があります。バランスを保ちながら、新たな段階に進む準備を整えていきましょう。

幸せアドバイス

非日常の存在に アプローチを

日常の仲間や恋愛のパートナーではなく、特別に抜きんでた魅力を持つ人やスケールの大きな存在に、遠慮せず積極的に近づいてみましょう。普通とは一線を画すような夢を持つ人たちに対して、自信を持ってアプローチすることで、新たな出会いや恋の刺激を見つけることができます。ときには無理だと感じるかもしれませんが、堂々とアプローチすることで、あなた自身の可能性が広がり、退屈せずに恋を楽しんでいけるはずです。

2024年の ラッキーパーソン
LUCKY PERSON

尊敬できる人と 恋が生まれる

尊敬できる人との間に恋が生まれる予感。お互いを尊重し合い、信頼し合うことで、より深い絆が育めそう。また、尊敬する上司や先輩から恋や結婚相手の紹介がある予感も。

2024年の アンラッキーパーソン
UNLUCKY PERSON

あなたの前進を 阻もうとする人

あなたのやろうとしていることに横やりを入れてくる人は避けて。その人の意見はこじれた恋愛感情からきているので、進むべき方向を明確にし、目標に向かって前進を。

蠍座

10.24 - 11.22

Scorpio

Kagami Ryuji 12 Constellation Fortune Telling By

思いきって心を開いたら大切な人が見つかる年

恋愛運

洞察力があり、人の本音を察してしまう鋭さのある蠍座。嘘を嫌い、本当に信じられる限られた人との付き合いを深めていくタイプです。2024年は、そんな蠍座がいつもより少し心のガードをゆるめ、さまざまな人と交流をしていく1年に。恋愛以外にも多くの出会いに恵まれ、交友関係の輪が広がっていくでしょう。愛情面では特に、結婚に縁のあるとき。5月までに婚姻届を提出することになったり、いい雰囲気になった人と婚約したりするなど、生涯のパートナーを見つける可能性が高いでしょう。恋愛では、夏がくる前に運命的な出会いをする場合もありそうです。恋のチャンスが多い時期と仕事で活躍する時期が重なりやすい運気ですが、視野が広く物事を同時進行で進められる勢いがあります。ですから、どちらも諦めないで。今は恋に集中し、次は仕事を頑張るというように、その瞬間、瞬間での優先順位さえはっきりさせていれば、きっとうまくいくはずです。

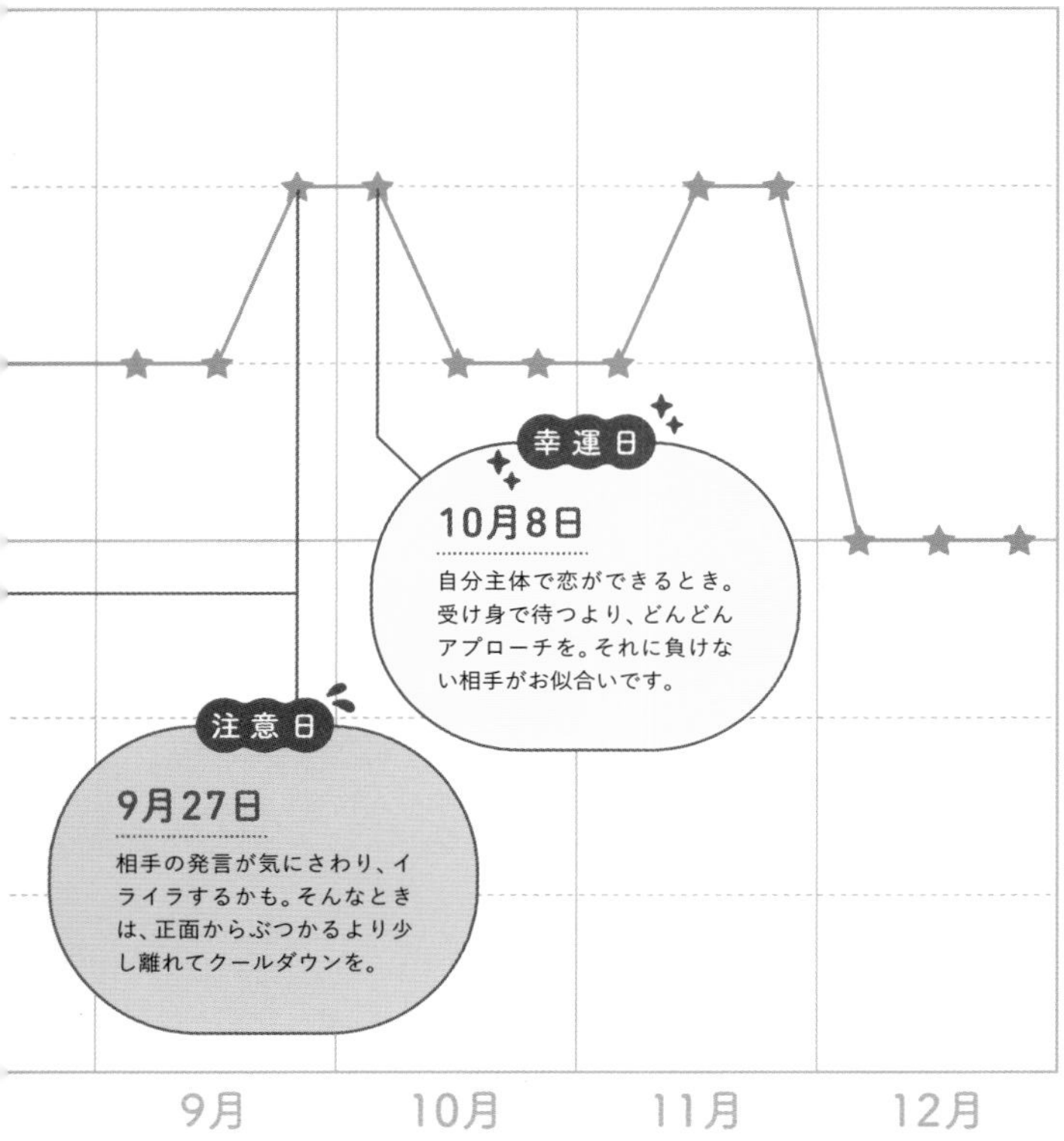
幸運日
10月8日
自分主体で恋ができるとき。受け身で待つより、どんどんアプローチを。それに負けない相手がお似合いです。
注意日
9月27日
相手の発言が気にさわり、イライラするかも。そんなときは、正面からぶつかるより少し離れてクールダウンを。
9月
10月
11月
12月

2024年の恋愛グラフとチャンス日

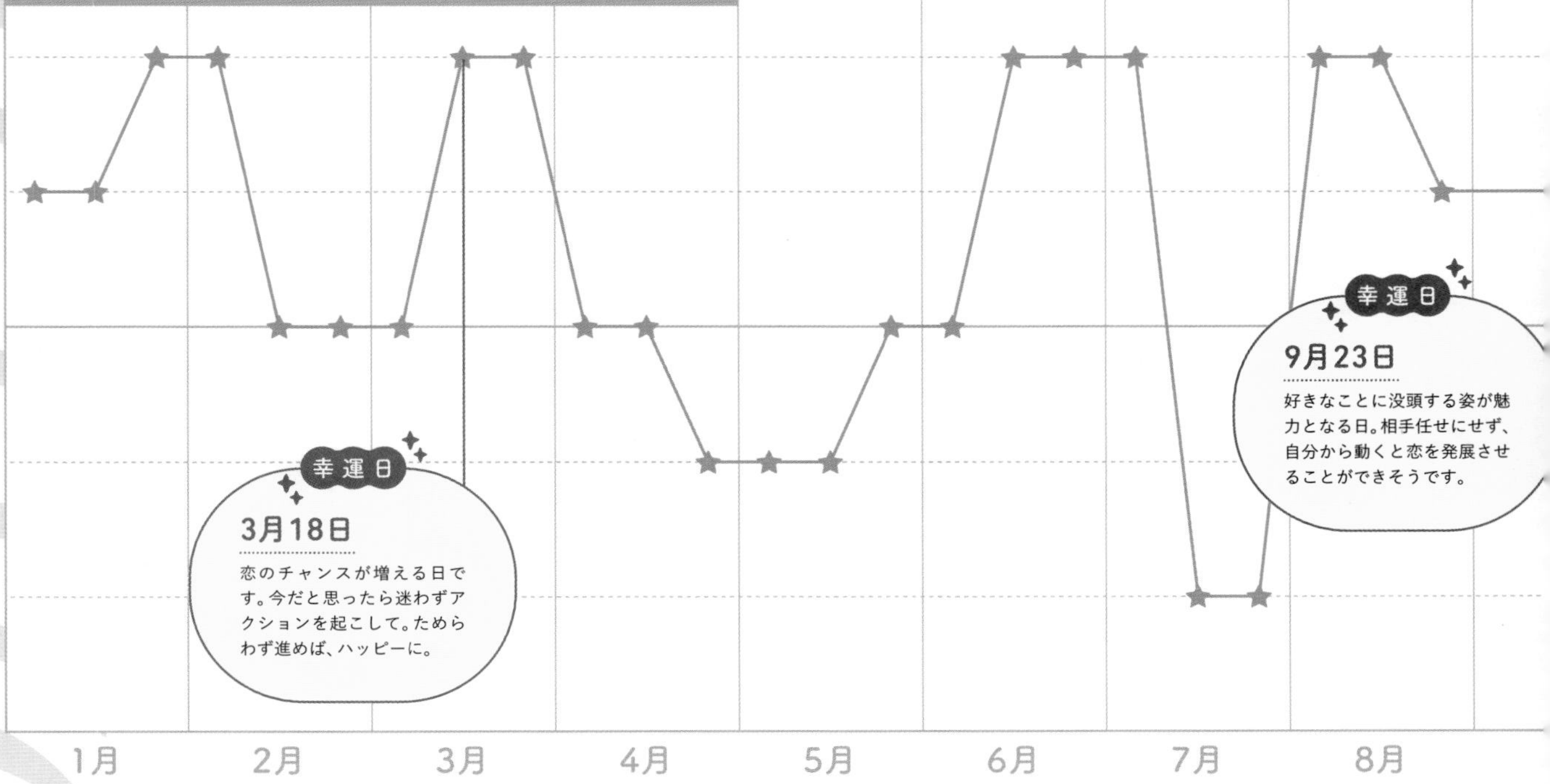

幸運日
3月18日
恋のチャンスが増える日です。今だと思ったら迷わずアクションを起こして。ためらわず進めば、ハッピーに。
幸運日
9月23日
好きなことに没頭する姿が魅力となる日。相手任せにせず、自分から動くと恋を発展させることができそうです。
1月
2月
3月
4月
5月
6月
7月
8月

出会い

人間関係の広がりから恋が生まれる

蠍座にとって、年の前半は人間関係が広がり、新たな出会いが生まれるとき。特に、シングルにとっては新たなパートナーとの出会いが期待される時期です。この時期には、新たな出会いや人間関係の「新規開拓」に力を入れるといいでしょう。SNSなどで知り合った遠距離の相手との距離を縮めるために足を延ばすこともおすすめ。周囲とのコミュニケーションを大切にし、積極的に関わることで、新しい世界が開けるでしょう。

恋と結婚

何かを我慢することで大きな実りがある

2024年は、大きな目標や欲しいものを手に入れるためには、個人的な楽しみを一時的に我慢しなければならない時期かもしれません。しかし、その我慢がのちに2倍3倍の充実感をもたらす可能性があります。結婚においても同じで、妥協や我慢が求められることがありますが、これらの妥協があとになって深い絆や幸福感をもたらすでしょう。特に結婚準備の段階では不満も出てきそうですが、お互いに意見をよくすり合わせて。

幸せアドバイス

恋以外の分野に目を向けて

人生において、恋愛に限らず、自分自身の「好き」や情熱を見つけることは極めて重要です。自分の興味や関心を持つことに熱中することで、新たな世界や経験を得ることができるでしょう。また、何気なくはじめた趣味や習い事から、意外なほど恋愛のきっかけが生まれることもあるかもしれません。人生の豊かさや多様性を体験し、新たな可能性に出会うことができるはず。興味のあるジャンルや習い事には積極的にチャレンジしていきましょう。

2024年の ラッキーパーソン

LUCKY PERSON

本当に必要と思える人を大事に

これまで築いてきた人間関係の中から、本当に必要で共有できる人との縁を深めていきたいとき。その相手との会話やコミュニケーションを通じて、素敵な恋が生まれる予感も。

2024年の アンラッキーパーソン

UNLUCKY PERSON

世話が焼ける人には注意が必要

やたらと手がかかる相手には近づかないほうがいいでしょう。一緒にいると気持ちやエネルギーを消耗させられることが多く、ポジティブな影響が感じられないかも。

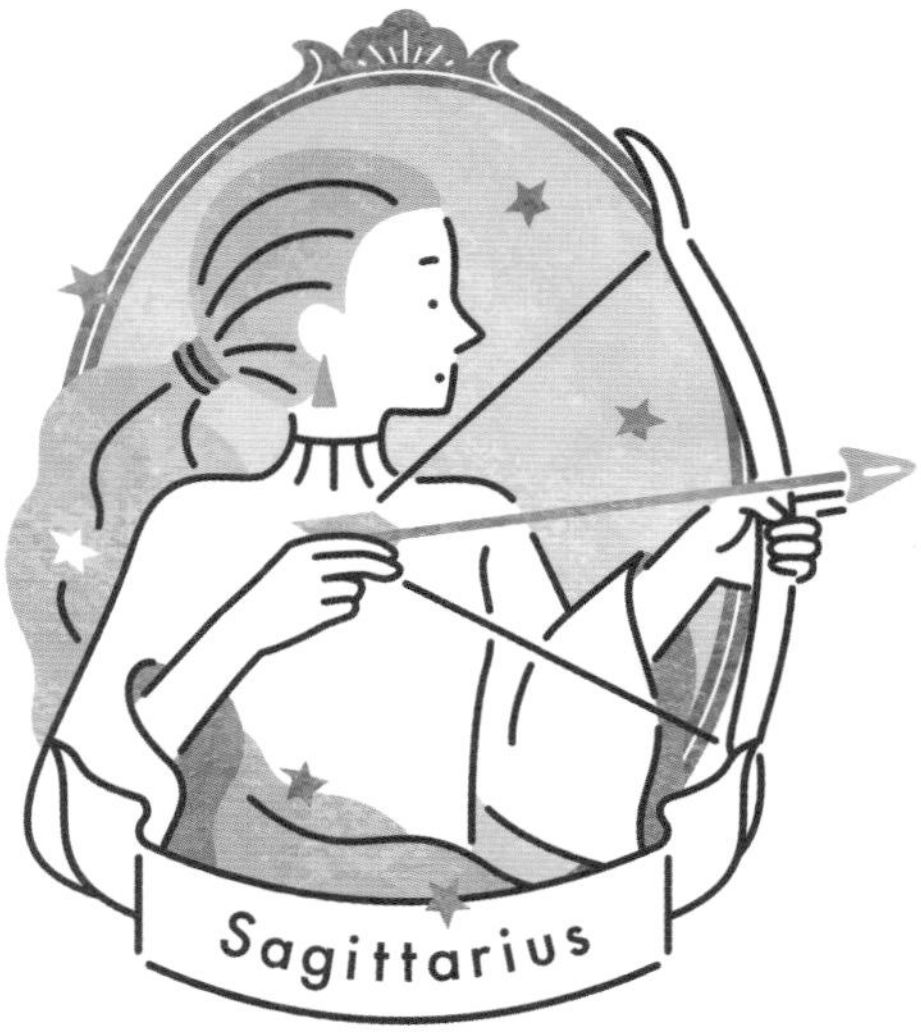
Sagittarius

射手座 ♐

11.23 - 12.21

自由と責任を両立させ、大人の恋ができるように

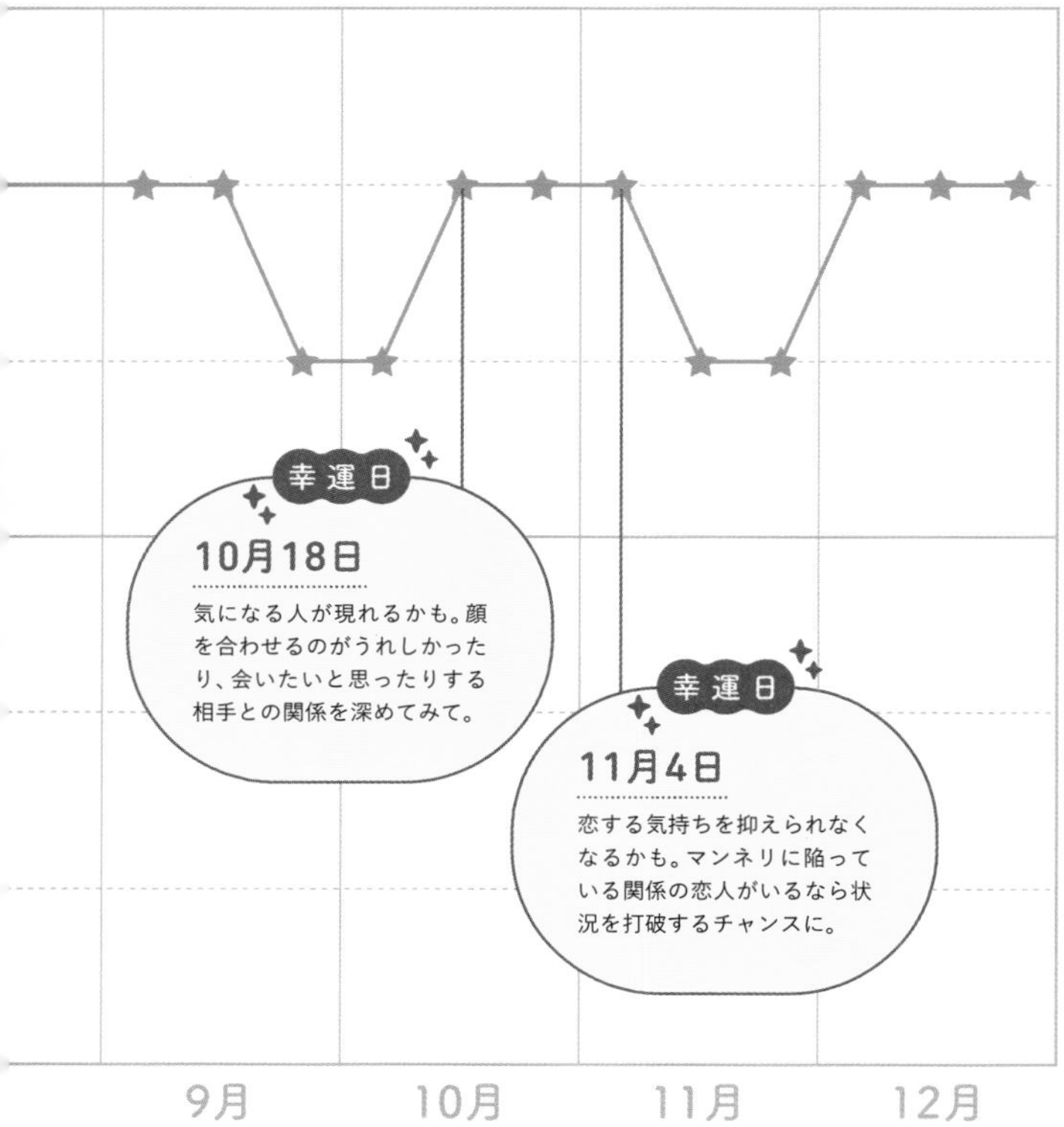
幸運日
10月18日
気になる人が現れるかも。顔を合わせるのがうれしかったり、会いたいと思ったりする相手との関係を深めてみて。
幸運日
11月4日
恋する気持ちを抑えられなくなるかも。マンネリに陥っている関係の恋人がいるなら状況を打破するチャンスに。
9月
10月
11月
12月

恋愛運

冒険を恐れないチャレンジャーである射手座は、理想を追いかける自由人。縛られると窮屈に感じるタイプですが、2024年は自分を律することの多い年になりそう。何かとチャンスが多く、恋も、仕事での活躍も期待される運気ですが、だからこそ節制しなくてはいけないなど自分をセーブする必要が出てくるでしょう。自分に合ったスケジューリングの方法を見つけて実践すると時間の使い方がうまくなり、公私のバランスがとれるようになります。どんなに忙しくてもデートの時間をうまく捻出し、恋を育んでいけそうです。5月以降はパートナー運が高まり、結婚も視野に入ってくるでしょう。自制する反動で結婚に対して面倒な気持ちも湧きそうですが、しがらみからは少しずつ解放されるのであまり気にしないで。この年の経験が公私のバランスをとるためのヒントとなり、結婚生活を送るうえではむしろプラスに。何かがあってもうまくいくという自信がつくでしょう。

2024年の恋愛グラフとチャンス日

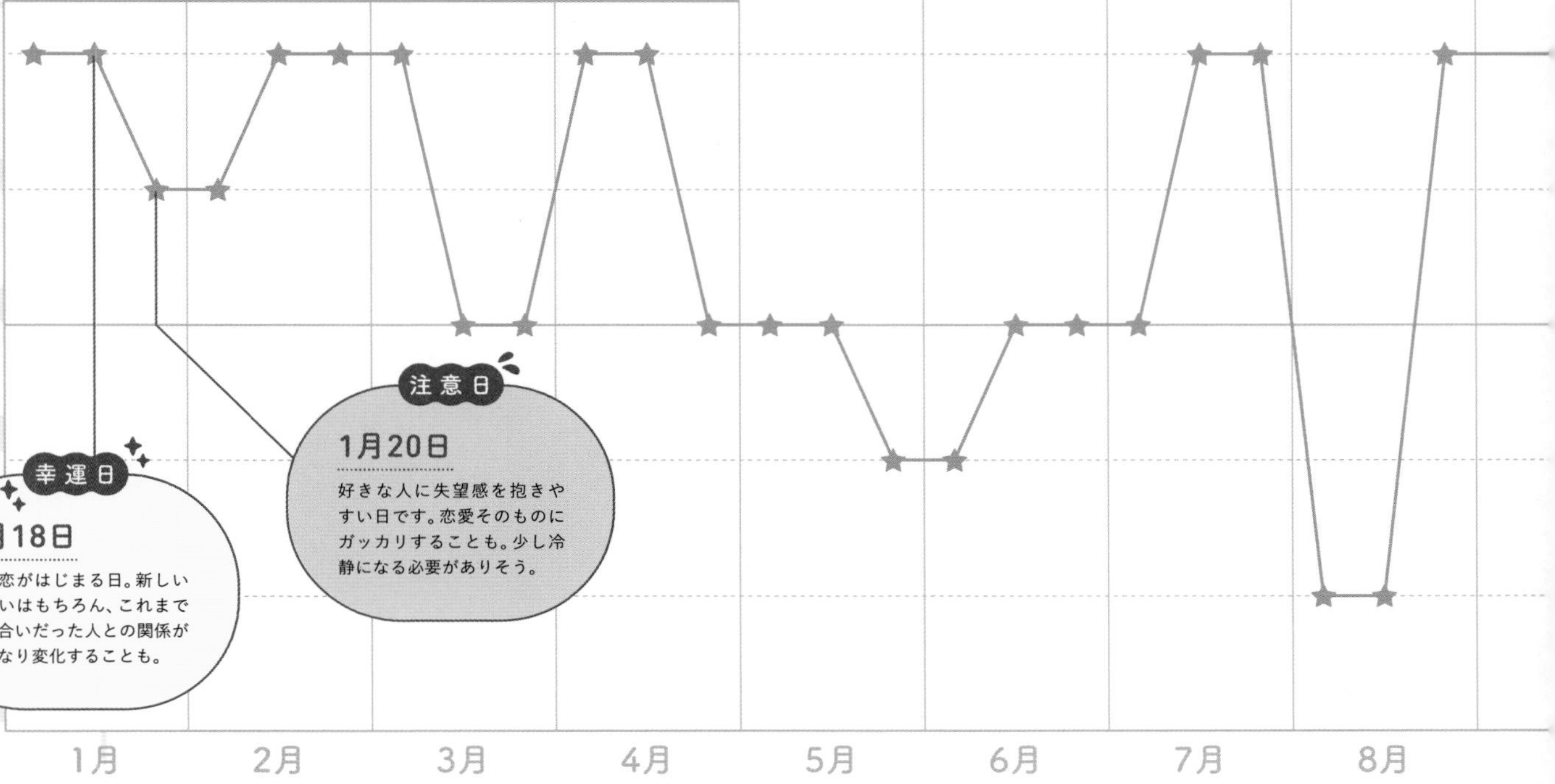
幸運日
1月18日
急に恋がはじまる日。新しい出会いはもちろん、これまで知り合いだった人との関係がいきなり変化することも。
注意日
1月20日
好きな人に失望感を抱きやすい日です。恋愛そのものにガッカリすることも。少し冷静になる必要がありそう。
1月
2月
3月
4月
5月
6月
7月
8月

出会い

恋をしたい気持ちが活性化するとき

年の前半では、あなたの中で恋愛への関心や愛されたいという気持ちが高まってくるかもしれません。新しい人との接触や交流が増えることで、新たな視点や刺激を得ることができるでしょう。一方で、年の後半には内向きな気持ちが外向きにシフトする傾向があります。この変化により、行動範囲が広がり、外出することが増えるかもしれません。新しい人との恋があなたの日々に新たなエネルギーをもたらしてくれるでしょう。

恋と結婚

忙しさの中で優先順位をつける

２０２４年は、日々の生活が多忙であり、さまざまなことに対応する必要があるため、時間が足りないと感じるような場面も多々あるでしょう。雑用が増えたり、新たなルーティーンを取り入れたりすることで、恋愛に対するモチベーションや結婚のイメージが薄れてしまうかもしれません。何を優先すべきかを常に意識しつつ、計画を立て、今必要なことを見極めましょう。それによって恋愛や将来の目標を見据えることができるはず。

幸せアドバイス

ビューティアップによりモテ運を刺激して

美容運が高まっている時期なので、ジムやエクササイズ、そしてセルフエステなど、自身の美容に取り組む時間をうまく取り入れることが重要です。これにより、自身のペースメーカーとなることができるでしょう。この機会に、自分自身を大切にし、美しさや健康を手に入れるための活動を積極的に取り入れることで、モテ運も活性化。おのずと恋の誘いも多くなりそうです。12月1日の新月は新しい美容を試すのに適したタイミング。

2024年の ラッキーパーソン

LUCKY PERSON

視野が広い人から知識を吸収する

視野の広い人や好奇心旺盛な人は、あなたに新たなチャンスをもたらす可能性があります。一緒にいて新たな知識や経験を得ることができる相手とは恋が生まれる予感も。

2024年の アンラッキーパーソン

UNLUCKY PERSON

恩義を押し売りして軋轢を生み出す人

恩を押しつけてきたり、困難な状況をもたらしたりする人には注意して。家族やこれまでの関係での摩擦や軋轢も、このような人々との関係が原因となることがあります。

Capricorn

山羊座

12.22-01.19

恋愛観が大きく変わるとき 意外なタイプにも注目を

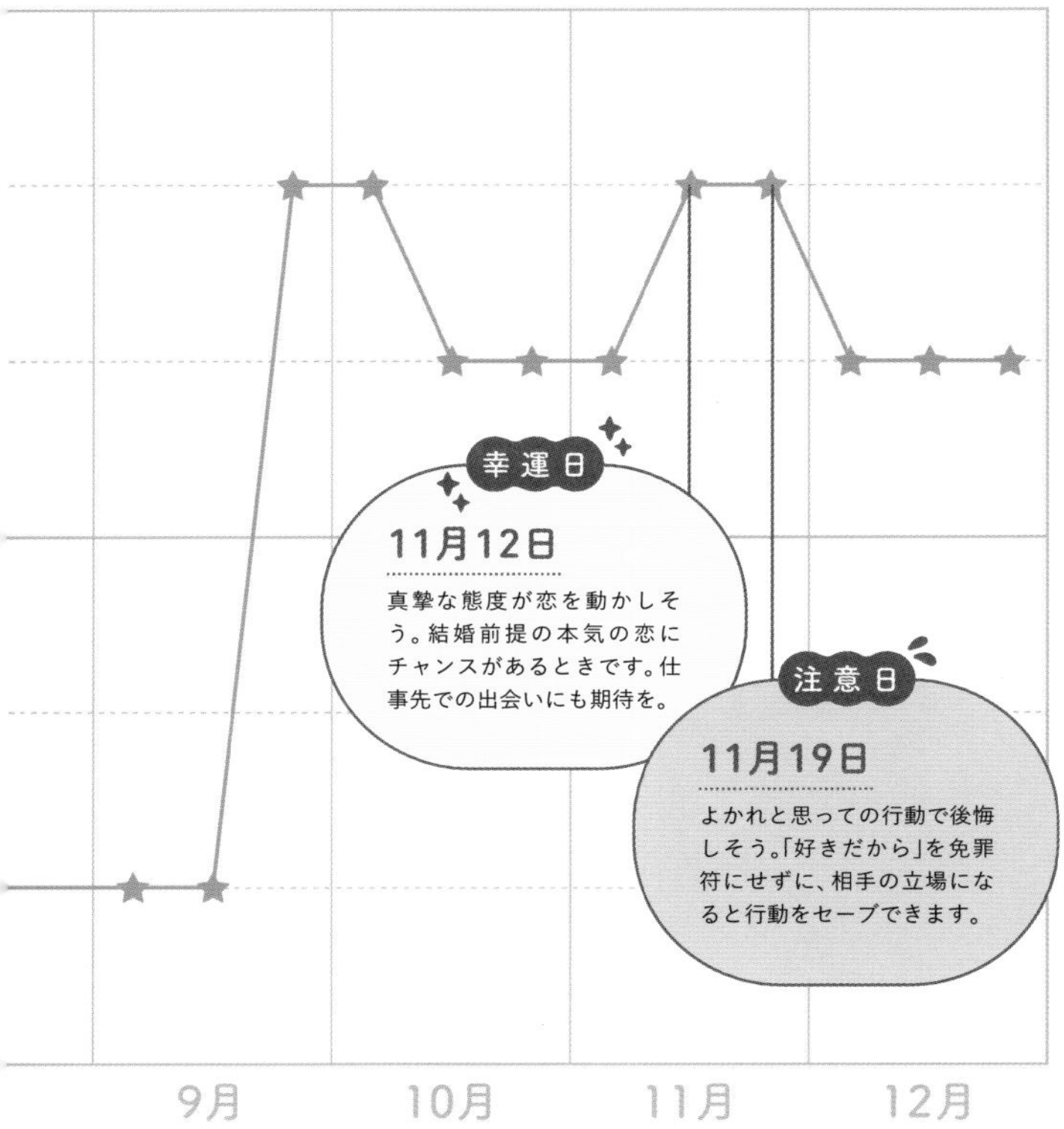
幸運日
11月12日
真摯な態度が恋を動かしそう。結婚前提の本気の恋にチャンスがあるときです。仕事先での出会いにも期待を。
注意日
11月19日
よかれと思っての行動で後悔しそう。「好きだから」を免罪符にせずに、相手の立場になると行動をセーブできます。
9月
10月
11月
12月

恋愛運

運命の大きな転換期を迎えている山羊座は継続の人。生まれながらにして、コツコツと努力する先に自分の本当の願いを叶える道があることを理解しています。そんなあなたは今後1～2年のうちに長い変動の時期を終え、新たな道を歩みはじめます。振り返ってみれば恋愛観もずいぶん変化し、選ぶ人のタイプが変わったと気づく年になりそうです。安定した交際や結婚を望んでいたのが、もっと刺激的な展開があってもいいと思えるようになっていたり、無意識に自分を縛っていた常識から解き放ってくれる人がいいと感じたりしそうです。5月までは心ときめくような恋をしたくなりますが、その後は結婚を意識できる恋に縁が。落ち着いて相手と向き合えるでしょう。ただ何かと考える時間が欲しくなる2024年後半、つい相手を突き放すような言動をしてしまうことがありそう。特にSNSで連絡するときには、この表現で相手を心配させないか考えてから送ると安心です。

2024年の恋愛グラフとチャンス日

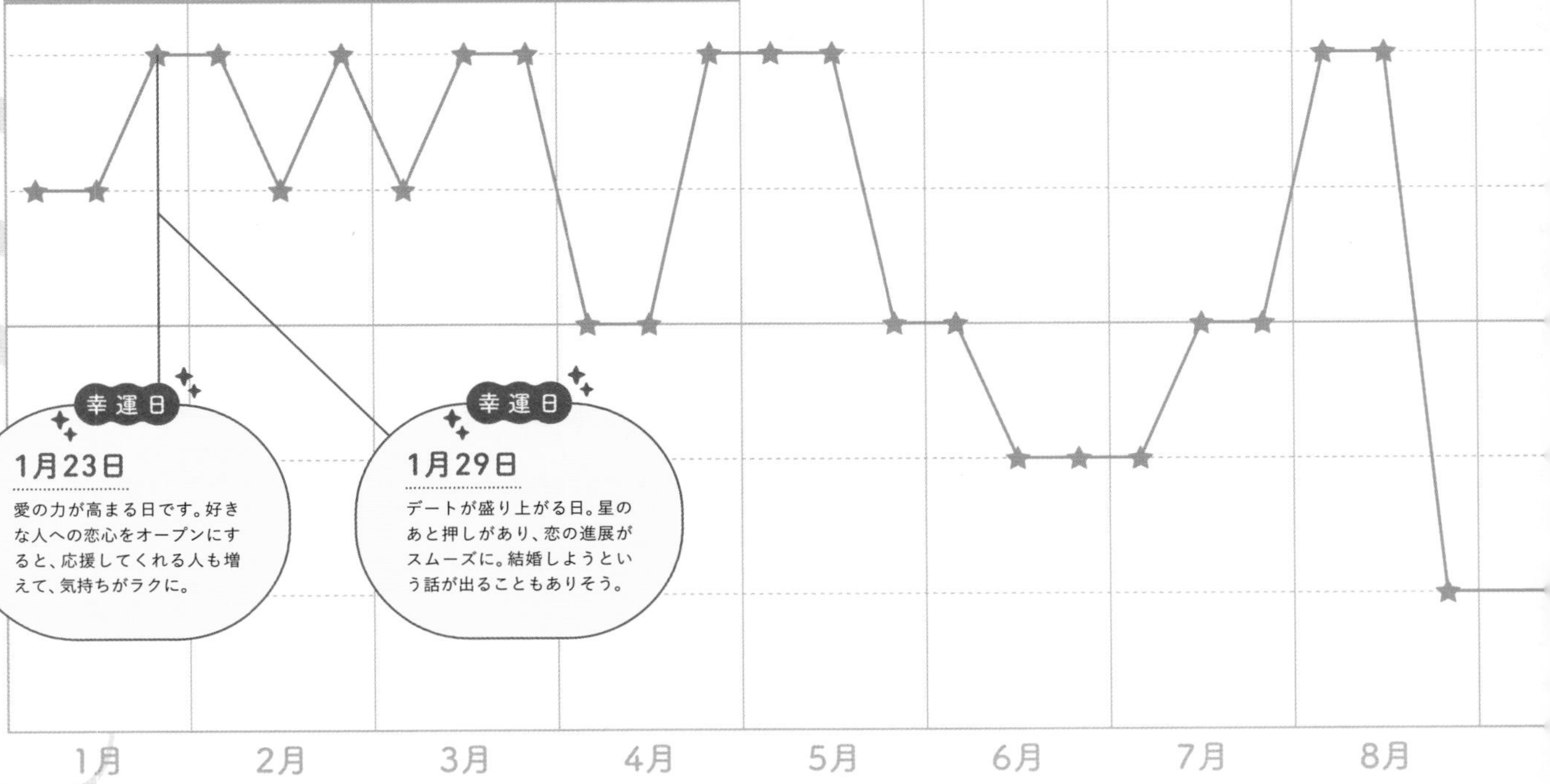
幸運日
1月23日
愛の力が高まる日です。好きな人への恋心をオープンにすると、応援してくれる人も増えて、気持ちがラクに。
幸運日
1月29日
デートが盛り上がる日。星のあと押しがあり、恋の進展がスムーズに。結婚しようという話が出ることもありそう。
1月
2月
3月
4月
5月
6月
7月
8月

出会い

今までになかったタイプとの出会いが!

山羊座の恋愛には、新しい展開が訪れるでしょう。今までの恋愛スタイルとは異なる出会いや関係が生まれる可能性があります。これまで安定性を求めてきた人も、少々リスクを冒しそうな破天荒な人との魅力的な出会いに心を惹かれることがあります。また、あなたの心を自由にさせてくれるような人との出会いも期待できるでしょう。フットワークを軽くして動くことで、新しい趣味や楽しみを提供してくれる相手にも出会うかもしれません。

恋と結婚

結婚に向けて具体的なプランを

結婚を考えているなら、計画を立てるだけでなく、具体的なプランを立てることがストレスを軽減する方法です。結婚式や新婚旅行、どんな家に住むかなどについても、ネットの記事やメディアの情報、人々の話だけではなく、じっくりとひとつのことに集中して調べることで、頭の整理をし、正しい判断を下す手助けになります。3月10日の新月やスーパームーンは、あなたに何か重要な出来事や新たな情報をもたらす可能性があります。

幸せアドバイス

自然に囲まれた場所に出かける

2024年は、心身のメンテナンスや調整が必要な時期でもあります。必要なときには意図的に「引きこもる」時間を持つことも有益です。自然に囲まれた場所で一人静かに過ごす週末も有効な手段。また、過去のネガティブな恋や失恋などの経験にとらわれている場合は、それを克服するための一歩を踏み出すチャンスにもなります。自分自身のメンタルやフィジカルな健康を大切にしつつ、心のリフレッシュやストレスの解消をはかりましょう。

2024年のラッキーパーソン

LUCKY PERSON

独自の考えを持っている人

通常の枠にはまらない、従来の考え方や行動から外れる傾向のある人に注目を。その人は大胆でありながらも冒険心を持ち、非凡な考え方であなたをグイグイ引っ張ってくれそう。

2024年のアンラッキーパーソン

UNLUCKY PERSON

過去へのこだわりを持っている人

過去の出来事や経験に固執し、それを基準に行動する人には注意が必要です。過去の失敗や困難な状況から学ぶことよりも、それに縛られがちな場合、ネガティブな影響が。

Aquarius

水瓶座

01.20-02.18

運命の恋が待っている年！ 結婚は流れに任せていて

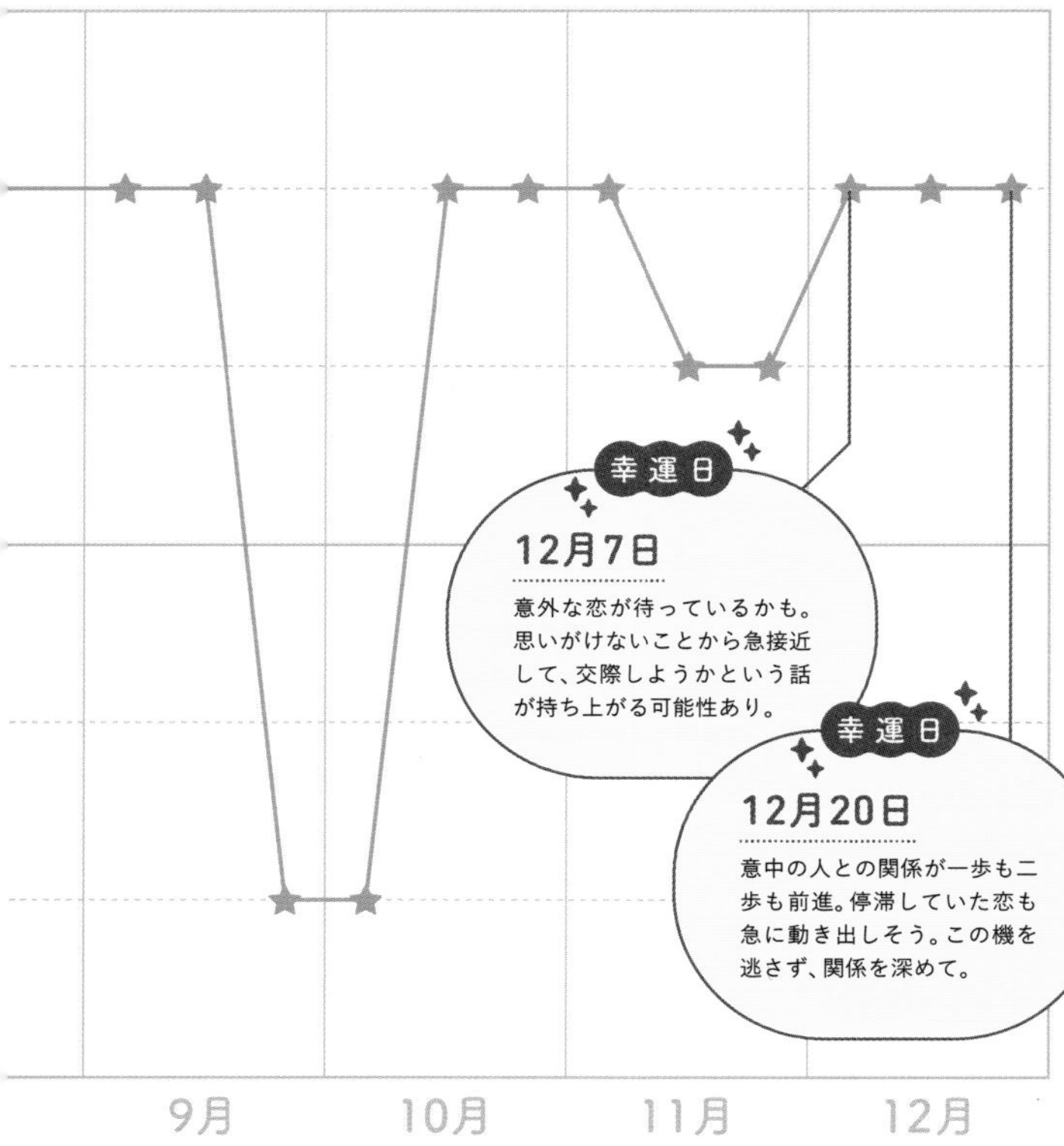
幸運日
12月7日
意外な恋が待っているかも。思いがけないことから急接近して、交際しようかという話が持ち上がる可能性あり。
幸運日
12月20日
意中の人との関係が一歩も二歩も前進。停滞していた恋も急に動き出しそう。この機を逃さず、関係を深めて。
9月
10月
11月
12月

恋愛運

星占いの観点では、今は「風の時代」と呼ばれる、今後200年続く意識の転換期をすべての人が歩んでいるところ。その新たな時代を作る主役のひとりが水瓶座のあなたです。理知的で客観性があり、新しいテクノロジーも柔軟に取り入れていけるため、この先、あなたの感性が時代の流れと一致することが増えていくでしょう。そんな2024年の恋愛運は後半へ向かうにしたがって上昇。出会いからすぐ交際へと焦らずとも、自然な流れで関係を深めていけそうです。特に5月以降は映画の主人公になったかのようなドラマチックな恋が待っている予感。あなたからの告白も十分に可能性があるときですから、好きになったら押しの一手で。全体的に出会いとときめきの年になりそうなため、交際の最初から結婚前提でとは考えないほうがいいかも。まずは心浮き立つような恋を楽しみ、そのあとはふたりの気持ちが動くがままに任せていけば、おのずといい結果になるはずです。

2024年の恋愛グラフとチャンス日

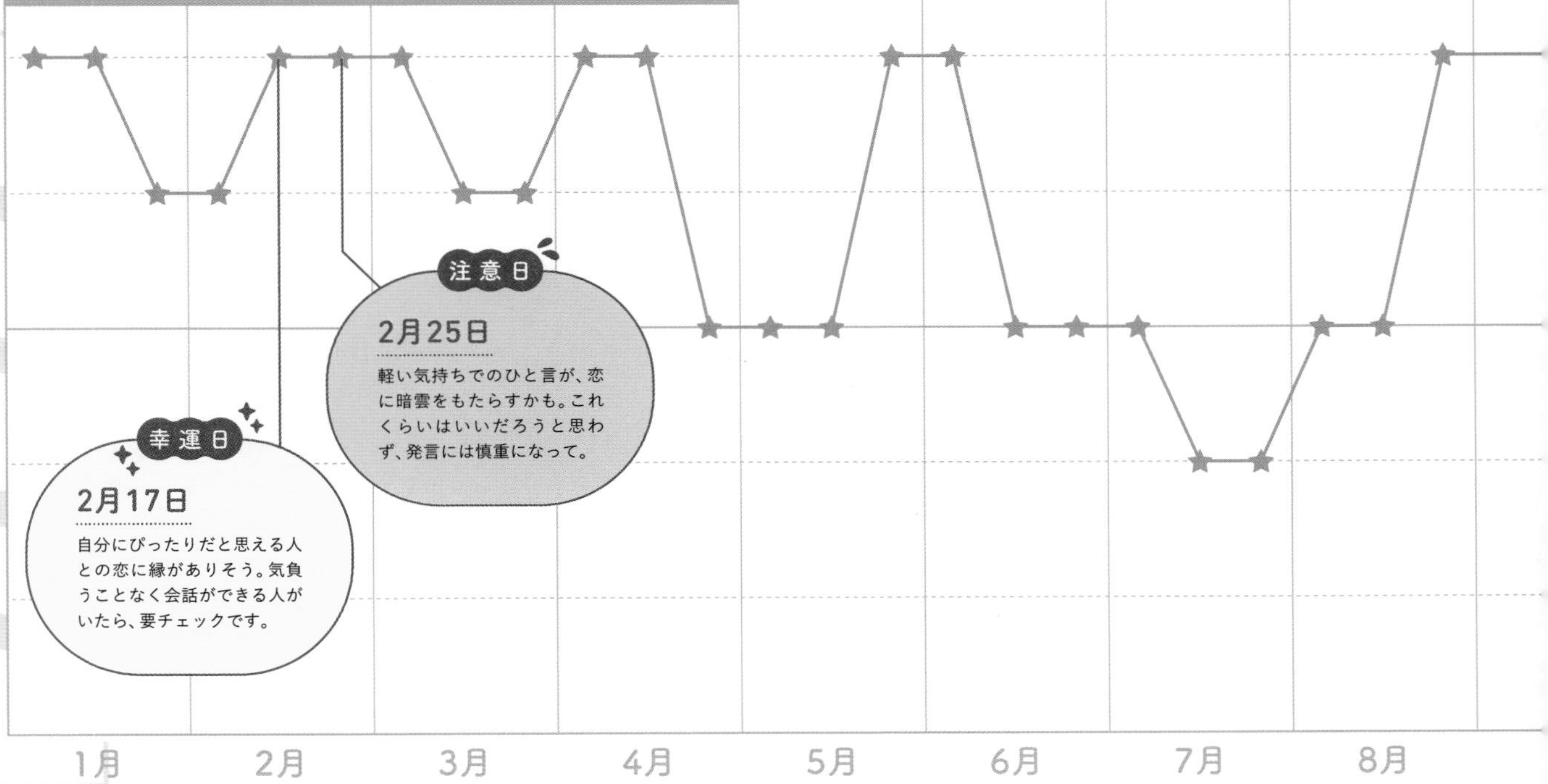
注意日
2月25日
軽い気持ちでのひと言が、恋に暗雲をもたらすかも。これくらいはいいだろうと思わず、発言には慎重になって。
幸運日
2月17日
自分にぴったりだと思える人との恋に縁がありそう。気負うことなく会話ができる人がいたら、要チェックです。
1月
2月
3月
4月
5月
6月
7月
8月

出会い

好奇心を発揮して恋を引き寄せる

意外なところから新しいつながりが生まれるかもしれません。異なる興味や趣味を持つ人たちとの出会いが期待できます。また、コミュニティ活動やグループ参加、または共通の関心事を持つ人たちとの交流が、豊かな恋愛や人間関係をもたらすことがあります。オンライン上でも新しい人との出会いが増えるかもしれません。柔軟な姿勢を持ち、知的好奇心を発揮しつつ、新たな環境や人とのコミュニケーションを楽しんでみてください。

恋と結婚

乳離れをして自分の足で歩く

2024年は水瓶座にとって変化のとき。今の居場所や関係が手狭に感じられる場合、大胆なチェンジを検討するべきかもしれません。もし自分が恋愛に依存しているように感じるなら、心理的な「乳離れ」が必要になってきそう。これは少し寂しいかもしれませんが、独立心を強めることで、この先も自分の足で歩いていけるようになるはず。8月29日は、恋愛やパートナーシップで停滞を感じる人にとって転機となるでしょう。

幸せアドバイス

11月20日頃に起きたことを記録しておいて

11月20日に冥王星が本格的に水瓶座に入ることで、今後20年間に影響を及ぼすような変化が訪れるでしょう。この時期に経験したことや感じたことをメモすることは、将来の大きな指針となる可能性があります。冥王星の移行は、個人や世界に大きな変化をもたらすことになるでしょう。このタイミングでの自身の感覚や経験を記録しておくことで、将来の展望や自己の成長につながるかもしれません。ぜひ実践してみてください。

2024年のラッキーパーソン

LUCKY PERSON

社会的地位が高く導いてくれる人

社会的なステータスの高い人との出会いは、ときにラッキーなチャンスをもたらすことがあります。彼らはさまざまな分野で優れた成果を出しており、あなたに自信をつけてくれそう。

2024年のアンラッキーパーソン

UNLUCKY PERSON

あなたの面倒をすべて引き受ける人

あなたを甘やかし、何もかも自分でできなくさせる人は大問題。その人は、あなたの成長や自立心を妨げる存在となることがあります。そのような人に振り回されないで。

魚座

Pisces

♓

02.19-03.20

やわらかな心を忘れずに大切な人と向き合っていく

Pisces

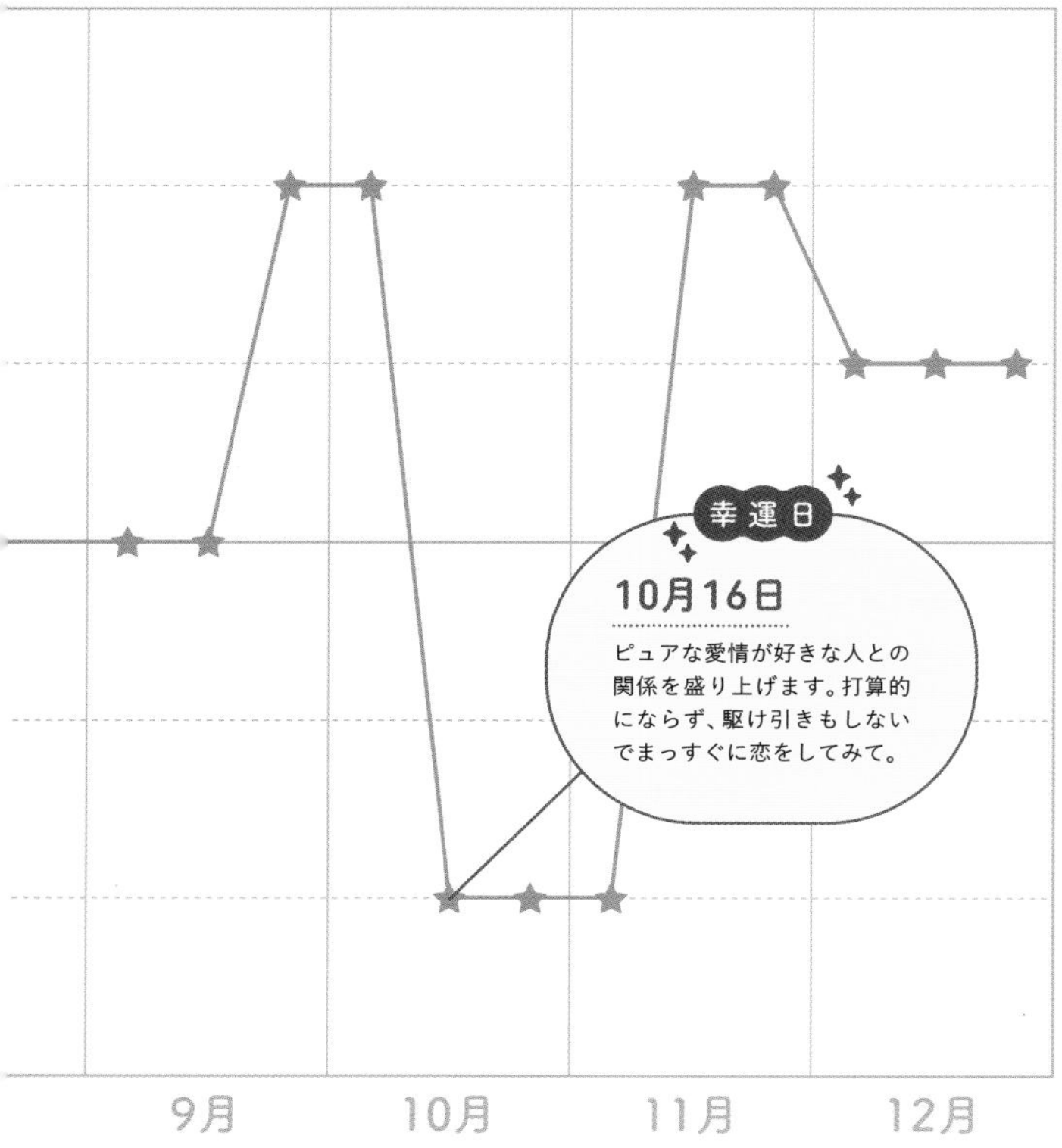
幸運日
10月16日
ピュアな愛情が好きな人との関係を盛り上げます。打算的にならず、駆け引きもしないでまっすぐに恋をしてみて。
9月
10月
11月
12月

恋愛運

広くて深く、万物を生み出す海のように豊かな感性と思いやりにあふれている魚座。そんなあなたに、幸運の星は2024年、知性の輝きを与え、コミュニケーション力を高めてくれます。ただ、同時にアイデンティティを見直すべきという課題も与えているため、恋愛においてもどこか難しく考えてしまう傾向が見られるでしょう。素敵な恋がしたいと思っているのに、友人の前ではそんなつもりはないと強がってしまったり、せっかく親密になれた人がいても、自分からは心を開けなかったりするかも。状況的にも仕事が忙しくて心の余裕がなくなるなど、なかなか思うようにはいかないジレンマを抱えそうです。ここでカギとなるのは「信頼」と「開示」。まずは信頼できる人を探すこと。そして丁寧に自分の思いを伝えることです。頭でっかちになりそうになったら、ゆっくり深呼吸し、肩の力を抜いて。そうすればピュアな恋心を素直に伝えられ、関係も進展していくでしょう。

2024年の恋愛グラフとチャンス日

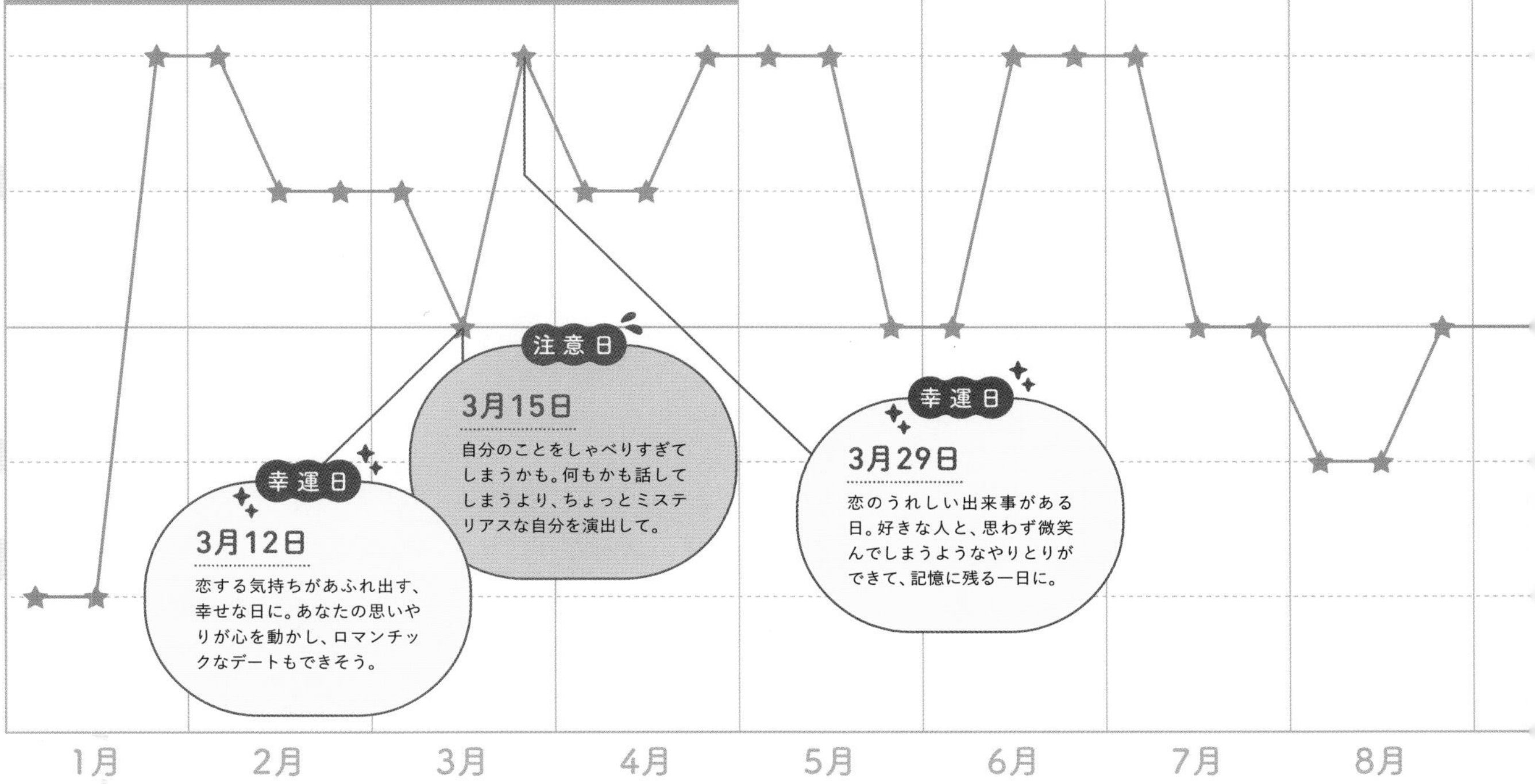

幸運日
3月12日
恋する気持ちがあふれ出す、幸せな日に。あなたの思いやりが心を動かし、ロマンチックなデートもできそう。
注意日
3月15日
自分のことをしゃべりすぎてしまうかも。何もかも話してしまうより、ちょっとミステリアスな自分を演出して。
幸運日
3月29日
恋のうれしい出来事がある日。好きな人と、思わず微笑んでしまうようなやりとりができて、記憶に残る一日に。
1月
2月
3月
4月
5月
6月
7月
8月

出会い

オンラインで学びを発信してみて

学びと成長が重要です。学んだことをアウトプットすることで、より多くの情報を吸収し、能率を高めることができます。自分が学んだことを即座にほかの人と共有したり、SNSなどで情報発信することで、知識やアイデアを深め、スキルアップにつながるはず。さらに、オンラインの交流を活用してさまざまな人々とコミュニケーションをとることで、出会いの可能性が広がるでしょう。そのような行動が、新たな恋愛につながるきっかけとなることも。

恋と結婚

忙しい中でも愛を育む

恋愛におけるジレンマが発生しそう。プライベートを充実させたい願望が高まる一方で、仕事が忙しくなったり、親密な関係において感情を解放できないなどの課題が生じるかも。そんなときこそ、親しい人との関係においても、自分の感情を丁寧に伝えたり、時間を割いてコミュニケーションをとることが重要です。忙しい状況下でも、自分の愛や想いを理解してもらうために、時間をしっかり取りつつ、コミュニケーションを図ることが、より強固な絆を築く手助けになるでしょう。

幸せアドバイス

大人の魅力を発揮し お高めの相手をゲット

2024年は、大人としての魅力があなたに現れる時期です。ここぞという場面で礼儀正しさや落ち着いた態度を示すことで、新たな尊敬を受けることが期待できます。しっかりとした挨拶や品位ある振る舞いを心がけることで、他人からの信頼や尊敬を得られるでしょう。大人としてのマナーや礼儀を意識して身につけることが、自己の魅力を高める手助けとなるので、ぜひ意識してみて。ワンランク上の相手から恋の誘いがあるかも。

2024年の ラッキーパーソン

LUCKY PERSON

新たなスキルを授けてくれる人

新しいスキルや知識を教えてくれる人がカギになりそう。その人の助けや指導により、自信がつき、人間的な魅力がより輝きを放ちます。その結果、恋の場面での色気が増すことに。

2024年の アンラッキーパーソン

UNLUCKY PERSON

無責任な人の尻拭いをしない

依存的な人は、他人任せにすることや逃げ道を作ることによって、責任を回避しようとする傾向が。尻拭いすることなく、自分の目標や夢に向かって進んでいくことが大切です。

『水晶玉子の女傑占い』
今を生きるあなたが幸せになるために、古今東西の女傑たちの運命から答えを導いていく水晶玉子オリジナルの最新鑑定！

水晶玉子
テレビ・ラジオ・雑誌など、各メディアが殺到する、今注目度の高い占い師。東洋、西洋の占いの枠を超え、独自の視点で運命を読解。その的中率の高さとわかりやすい解説から、世代を問わず絶大な支持を得ている。著書も多数出版されており、テレビ出演のあとは特に売り切れが続出している。

水晶玉子が占う

2024年 運景×寿ゾーン 恋と結婚

2024年占いの決定版！　寿ゾーンと運景、水晶玉子による２つのオリジナル占いを組み合わせて、2024年に幸せをつかむための手掛かりを見つけましょう。

2024年のポイント

- 甲辰の年。ダイナミックな恋の予感！
- 理想を追いかけることで魅力アップ
- ふたりで共通の目標を持つとラブラブに
- 建設的でない関係は見切りどき

寿ゾーン×運景で2024年の幸せをつかもう

運がいいときとそうでないときは、私たちの生活に周期的に訪れるものです。その中でも「寿ゾーン」と呼ばれる、特別な期間があります。この寿ゾーンは、10年間のうちの4年間、または10カ月間のうちの4カ月間に相当します。この期間には、恋愛や結婚などによい流れが訪れます。「寿ゾーン」は私たちにとって幸運をつかむチャンスなのです。自分の年と月の寿ゾーンを確認し、その時期に運気を味方につけましょう。

さらにここでは、この「寿ゾーン」と「運景」を掛け合わせて、２０２４年の運勢を予測。「運景」には木・草・太陽・灯火・山・畑・岩・宝・海・雨の10種類のタイプがあり、自然の景色が移ろうように、人生に訪れる季節によってその年の運気の変化を占うことができます。

自分の状況や運気の流れを見極めながら、素晴らしい２０２４年を手に入れましょう。

生年月日表

	1月	2月	3月	4月	5月	6月	7月	8月	9月	10月	11月	12月
1955	58	29	57	28	58	29	59	30	1	31	2	32
1956	3	34	3	34	4	35	5	36	7	37	8	38
1957	9	40	8	39	9	40	10	41	12	42	13	43
1958	14	45	13	44	14	45	15	46	17	47	18	48
1959	19	50	18	49	19	50	20	51	22	52	23	53
1960	24	55	24	55	25	56	26	57	28	58	29	59
1961	30	1	29	0	30	1	31	2	33	3	34	4
1962	35	6	34	5	35	6	36	7	38	8	39	9
1963	40	11	39	10	40	11	41	12	43	13	44	14
1964	45	16	45	16	46	17	47	18	49	19	50	20
1965	51	22	50	21	51	22	52	23	54	24	55	25
1966	56	27	55	26	56	27	57	28	59	29	0	30
1967	1	32	0	31	1	32	2	33	4	34	5	35
1968	6	37	6	37	7	38	8	39	10	40	11	41
1969	12	43	11	42	12	43	13	44	15	45	16	46
1970	17	48	16	47	17	48	18	49	20	50	21	51
1971	22	53	21	52	22	53	23	54	25	55	26	56
1972	27	58	27	58	28	59	29	0	31	1	32	2
1973	33	4	32	3	33	4	34	5	36	6	37	7
1974	38	9	37	8	38	9	39	10	41	11	42	12
1975	43	14	42	13	43	14	44	15	46	16	47	17
1976	48	19	48	19	49	20	50	21	52	22	53	23
1977	54	25	53	24	54	25	55	26	57	27	58	28
1978	59	30	58	29	59	30	0	31	2	32	3	33
1979	4	35	3	34	4	35	5	36	7	37	8	38
1980	9	40	9	40	10	41	11	42	13	43	14	44
1981	15	46	14	45	15	46	16	47	18	48	19	49
1982	20	51	19	50	20	51	21	52	23	53	24	54
1983	25	56	24	55	25	56	26	57	28	58	29	59
1984	30	1	30	1	31	2	32	3	34	4	35	5
1985	36	7	35	6	36	7	37	8	39	9	40	10
1986	41	12	40	11	41	12	42	13	44	14	45	15
1987	46	17	45	16	46	17	47	18	49	19	50	20
1988	51	22	51	22	52	23	53	24	55	25	56	26
1989	57	28	56	27	57	28	58	29	0	30	1	31
1990	2	33	1	32	2	33	3	34	5	35	6	36
1991	7	38	6	37	7	38	8	39	10	40	11	41
1992	12	43	12	43	13	44	14	45	16	46	17	47
1993	18	49	17	48	18	49	19	50	21	51	22	52
1994	23	54	22	53	23	54	24	55	26	56	27	57
1995	28	59	27	58	28	59	29	60	31	1	32	2
1996	33	4	33	4	34	5	35	6	37	7	38	8
1997	39	10	38	9	39	10	40	11	42	12	43	13
1998	44	15	43	14	44	15	45	16	47	17	48	18
1999	49	20	48	19	49	20	50	21	52	22	53	23
2000	54	25	54	25	55	26	56	27	58	28	59	29
2001	0	31	59	30	0	31	1	32	3	33	4	34
2002	5	36	4	35	5	36	6	37	8	38	9	39
2003	10	41	9	40	10	41	11	42	13	43	14	44
2004	15	46	15	46	16	47	17	48	19	49	20	50
2005	21	52	20	51	21	52	22	53	24	54	25	55
2006	26	57	25	56	26	57	27	58	29	59	30	0
2007	31	2	30	1	31	2	32	3	34	4	35	5
2008	36	7	36	7	37	8	38	9	40	10	41	11
2009	42	13	41	12	42	13	43	14	45	15	46	16
2010	47	18	46	17	47	18	48	19	50	20	51	21

運景タイプの調べ方

生年月日表から、自分の生まれた年と月が交わるところの数字を調べます。その数字に誕生日の数を足して出た数が**運命数**です。これを**運景タイプ対応表**と照らし合わせてください。

※誕生日を足した数が61以上の場合は60を引く

例）1980年12月26日生まれの場合

生年月日表の自分の生まれた年と月が交わるところの数字は「44」、それに誕生日の「26」を足すと「70」で60を引いて「10」になるので、運景タイプ表と照らし合わせると「雨」になります。

運景タイプ対応表

運景タイプ	運命数					
木	1	11	21	31	41	51
草	2	12	22	32	42	52
太陽	3	13	23	33	43	53
灯火	4	14	24	34	44	54
山	5	15	25	35	45	55
畑	6	16	26	36	46	56
岩	7	17	27	37	47	57
宝	8	18	28	38	48	58
海	9	19	29	39	49	59
雨	10	20	30	40	50	60

チャートの見方

運命数	1/6〜	2/4〜	3/5〜	4/4〜	5/5〜	6/5〜	7/6〜	8/7〜	9/7〜	10/8〜	11/7〜	12/7〜
1	◎			★		!!	△	★				
11		★	◎	!!		★			△			
21		!		★	◎						△	★
31	△	★					◎			★		!
41			△					★	◎	!		★
51					△	★		!		★	◎	

■ … 年と月のダブル寿ゾーン。大幸運。

■ … 寿ゾーンと天冲殺が重なり吉凶混合。

■ … 寿ゾーンの月。恋と結婚のチャンス。

■ … 天冲殺の月。見直しのタイミング。

!! … 大変化運　! … 変化運　★ … 発展運

◎ … 融合運　△ … トラブル注意

Tree

木タイプ

とにもかくにもまず行動 自然体の自分で接して

2024年に
意識してほしいこと

集団行動より
単独行動にツキ

背伸びをせずに
自然体が一番

責任感を押し出しつつ、
真剣交際を

出会いを求めていろんなことにチャレンジしていきたい2024年。1本の木がぐんぐんと伸びてほかの木の高さを抜いていくように、あなたの努力次第では、どこまでも自分が魅力的に成長していける運気にあるでしょう。この年は集団で動くよりも、単独行動が吉。ほかの人の様子を見ている暇はありません。とにかく行動あるのみで、積極的に動き回って。動けば動くほどに恋愛運も呼応して上昇するはず。今季はかなりスピード感のある恋を楽しめそうですが、その分熱しやすく冷めやすいような状態に陥りやすいかもしれません。関係を続けさせるカギは、自然体で接すること。背伸びをしたり、強い自分を演じ続けると、疲れて恋心も萎んでしまいます。特に、結婚につながるご縁を望むのであれば、持ち前の責任感の強さを武器に、真剣交際を申し込んで。

基本性格

上昇志向にあふれ、何事にも一生懸命に最後まで取り組むことができる意志の強さを持っています。ただ、急なトラブルへの対応を苦手としていたり、柔軟性に欠ける部分も。

2024年の恋愛&結婚チャート

運命数	1/6〜	2/4〜	3/5〜	4/4〜	5/5〜	6/5〜	7/6〜	8/7〜	9/7〜	10/8〜	11/7〜	12/7〜
1	◎			★		!!	△	★				
11		★	◎	!!		★			△			
21		!		★	◎						△	★
31	△	★					◎			★		!
41			△					★	◎	!		★
51					△	★		!		★	◎	

交際から結婚への道

自分だけでなく相手の運気も見極めて

2024年は「自星」の年。独立の運気が巡っているので、特に運命数1と21の人は、転職などで社会的地位が上がって結婚への自信がつく場合も。また、自分が寿ゾーンでない場合でも、相手が寿ゾーンだと結婚が成立しやすいので、相手が真剣な交際を望んでいるようなら、あなたも本気で向き合って。ややお堅いイメージがあり、甘くロマンチックな雰囲気を漂わせるのが苦手な木タイプですが、この年は責任感をウリにすることで成婚率が高まるはずです。ただし運命数31の人は2026年以降に関係の仕切り直しを。

ゴールインのチャンスとなる月

同じ価値観を持つ相手を守り抜く

月の寿ゾーンは、4月から7月。春頃から恋が盛り上がれば、年末の結婚に向けて一気に関係を進展させていけるでしょう。自分が何をしたいか、どんな人生を歩みたいかがクローズアップされる時期なので、結婚すると自由が制限されると考えるのではなく、同じ価値観を持った相手に愛情を注ぎ、守ってあげるイメージで。コツコツとお金を貯めて信用を上げていくことで、よいご縁が手に入るはず。寿ゾーンの月には、相手からのプロポーズを待つだけではなく、あなたのほうから結婚を申し込むと成就率がアップ。

ご縁を運んでくれる場所

安心感がある空間

自分の「ホーム」と思える土地や、通い慣れたお店がラッキースポット。付き合いの長い友達や同級生などから紹介話を受けたときは、あまり難しく考えずまずは会ってみて。

注意したいトラップ

依存心の強い相手

しっかり者のあなたですが、それだけに頼られると放っておけず、押し切られて交際や結婚に発展することも。困った人に寄りかかられないよう、断るべきときは断って。

Grass

草タイプ

いい人止まりで諦めず大切な存在を目指して

人間関係が広がっていく2024年。恋愛につながるような出会いも多く訪れることになるでしょう。物腰が柔らかで親しみやすさを抱きやすい草タイプの人は、数多くの関わりを得ることになりそうです。ただ、「いい人認定」は受けやすいものの、それ以上の関係にしづらい側面を持っているため、いい人止まりになってしまうこともしばしば。そこから一枚壁を破って誰かにとっての大切な存在になるには、持ち前の不屈の精神がカギになるでしょう。踏まれてもすぐに立ち上がる草のように、諦めない姿勢が良縁と結びつけてくれるはず。交際がスタートしても愛情よりも情が先行して、親友のような関係になりそうです。パートナーがいる人にとっては、相手に幻滅してしまったり、ほかに目移りしてしまいそうな時期。悪い方向へと流されやすい時期なので要注意です。

2024年に意識してほしいこと

いい人止まりから脱却する！

人とのつながりからご縁がありそう

目移りせず、手にした幸せを大切に

基本性格

物腰が柔らかく、人の痛みが理解できる優しさを持っています。どんな人とも打ち解けられる柔軟性を持ち、草タイプの周りには、自然と人が集まってくるでしょう。

2024年の恋愛&結婚チャート

運命数	1/6〜	2/4〜	3/5〜	4/4〜	5/5〜	6/5〜	7/6〜	8/7〜	9/7〜	10/8〜	11/7〜	12/7〜
2					★	△	!!		★			◎
12		◎	★		!!		★	△				
22	★		!	◎	★					△		
32	!		★			◎					★	△
42	★	△			★			◎			!	
52				△			★		!	◎	★	

交際から結婚への道

紹介にツキあり 相手主導で進めて

人とのつながりから、ご縁が発展しやすい2024年。特に運命数2の人と22の人は、友達と会う機会を増やしたり、同僚とプライベートで遊んだりすると、そこから恋に発展したり、うれしい紹介がありそうです。交際後も結婚までのリードは相手任せになりそうですが、式場選びや新婚旅行先を自分で決めたい相手となら好相性。結婚準備には何かとお金がかかりますが、運命数32の人は2026年以降、結婚資金が貯まってからゴールインを目指して。どんなに結婚したい相手でも、頼まれてお金を貸したり、肩代わりするのは避けて。

ゴールインのチャンスとなる月

同じ価値観を持つ 相手を守り抜く

もともと自分がグイグイ引っ張るというより、相手任せで恋を引っ張ってもらいたいのが草タイプ。そんな自分を分かってくれる人を見つけるのも上手なので、この時期は、自分がどんな結婚をしたいかを明確にしつつ、受け身で相手からのプロポーズを待ったほうがうまくいくでしょう。月の寿ゾーンは、4月から7月。これまで結婚に進展しづらかったカップルは、ここでしっかり向き合って今後について話し合うと、愛が深まりそう。ただ「好きだから」というだけでなく、お互いの価値観や経済観念などをすり合わせてください。

ご縁を運んでくれる場所

友達や仲間の集まり

友達や仲間と関わるイベントや飲み会、サークル活動などは◎。人間関係からご縁が広がるときなので、自分に合うコミュニティを探して人脈づくりに励んでください。

注意したいトラップ

人間関係のしがらみ

人間関係の集まりに顔を出す分、やっかいなしがらみやトラブルに巻き込まれないよう注意。サークル内恋愛や人付き合いに疲れたら、新しい場所を探すのも正解。

Sun

太陽タイプ

環境や考え方が大きく変化していくとき

2024年に意識してほしいこと

立春までは恋のチャンス！

結婚するなら「好き」が同じ相手が◎

これまでと違うタイプに注目を

たくさんの出会いと別れが訪れる2024年の太陽タイプ。今までは居心地よく感じていたものが、急に窮屈に思えたり、ひとりになりたいと思うようになったりするかもしれません。ただ、これは恋愛へのモチベーションが下がったのではなく、あなた自身が変わりはじめるタイミングに差し掛かったから。寿ゾーンで見ると、2024年は寿ゾーン明けの年。立春まではチャンスが続き、うまくいかなかった恋が動きはじめたり、これまでとは違うタイプの人との出会いが訪れたりすることもあるでしょう。心配や不安になる部分もあるかもしれませんが大丈夫。生まれ持った明るさと、どんな場所でも輝ける華やかさで、どんなコミュニティの中でも唯一無二の存在感を放てるはず。また、パートナーがいる人は、結婚運も高まるため、スピード婚の可能性も。

基本性格

誰からも愛され必要とされる太陽タイプ。温かく、優しく、そして誰にでも平等であることを大切にしています。場の空気を変える明るさを持っており、唯一無二の存在感を放ちます。

2024年の恋愛&結婚チャート

運命数	1/6〜	2/4〜	3/5〜	4/4〜	5/5〜	6/5〜	7/6〜	8/7〜	9/7〜	10/8〜	11/7〜	12/7〜
3					△	★		!!		★	◎	
13	◎			★		!!	△					
23		★	◎	!		★			△			
33		!		★	◎						△	★
43	△	★					◎			★		!
53			△					★	◎	!		★

交際から結婚への道

1月中はスピード婚も！直感重視で動いて

寿ゾーン明けの年ではあるものの、1月中はスピード結婚もあり。一目惚れしやすく直感で恋をするところがある太陽タイプですから、この人と思える相手がいたら情熱的にアプローチを。授かり婚の可能性も見えています。特に運命数13の人は自分からどんどん行動を起こすことで、運が開けるでしょう。運命数33の人は発展的ではあるものの、楽しい遊び友達やかわいい弟、妹的存在にとどまりがち。2024年は恋愛遍歴を重ねるくらいのつもりで、本気で結婚を考えるのであれば、2026年以降がよいでしょう。

ゴールインのチャンスとなる月

好きなことが同じ相手に注目

月の寿ゾーンは、1月と6月から9月。にぎやかなことが大好きで、いつも人と一緒にいたい太陽タイプですから、楽しいことや好きなことが一致している相手となら、結婚を考えられるでしょう。感受性が豊かで自尊心が強いため、気に入った相手に出会うとグイグイアプローチを仕掛ける太陽タイプのあなた。略奪婚やワケありの関係であったとしても、障害があればあるほど燃えそうです。寿ゾーンの月には、あなたのほうからプロポーズすると、話がうまくまとまりそうです。結婚後は堅苦しさのない明るくにぎやかな家庭になりそう。

ご縁を運んでくれる場所

自宅でホームパーティーを

にぎやかで人が集まる雰囲気が好きな太陽タイプですが、マイペースに振る舞える場所でないと自分らしさを発揮できないところが。自宅に仲間を招くと縁が深まりそう。

注意したいトラップ

気持ちを押しつけない

自分の気持ちに素直なあなた。ただ、あまりにも思うがままに気持ちを押しつけすぎると、相手との間に温度差が生じることも。相手が喜ぶように動くことを意識してみて。

Fire

灯火タイプ

今の恋愛で本当にいいのかじっくり考えたいとき

2024年に意識してほしいこと

友情が恋に発展する予感

色っぽいムードを漂わせると◎

危険な恋の誘惑に気をつけて

恋や愛について冷静に考えていきたい運気にある2024年の灯火タイプ。もともと付き合うタイプを選びたがるところがあり、満たされない感情が大きくなりすぎると、他の人で埋めようと動いてしまったり、少し火遊びをしてしまうような部分もあるでしょう。今の自分にとって、意中の相手やパートナーが本当にフィットする人なのかどうかは、じっくり考えていきたいところ。これから恋をはじめる場合も、一目惚れからはじまる恋よりも、友情から切り替わる恋、価値観の一致感を大切にしたほうが◎。寿ゾーンで見ると2024年は立春までがチャンス。勢いでグイグイ押されていく傾向もあるので、うまくいかない場合は違う可能性を模索するのもあり。恋愛経験を積んでいく中で、あなた自身がこれから進んでいく道を見極めている時期と心得て。

基本性格

鋭い洞察力を持った一点特化型。普段は穏やかに見えても、心の中では激しい炎を燃やしていることも。見かけとは裏腹のミステリアスなギャップが最大の武器といえるでしょう。

2024年の恋愛&結婚チャート

運命数	1/6〜	2/4〜	3/5〜	4/4〜	5/5〜	6/5〜	7/6〜	8/7〜	9/7〜	10/8〜	11/7〜	12/7〜
4				△			★		!!	◎	★	
14					★	△	!!					◎
24		◎	★		!		★	△				
34	★		!	◎	★					△		
44	!		★			◎					★	△
54	★	△			★			◎			!	

交際から結婚への道

色っぽさが漂う反面、流されやすいとき

ゆらゆらと揺れる灯火のように、何とも言えない色気を醸し出しているあなたはかなりモテるタイプ。口数が多くないので、本音がつかみづらいところもありますが、社交的で自分をしっかり持っている才能豊かな人に惹かれる傾向があるでしょう。寿ゾーン明けのこの時期は、不倫や二股恋愛など、あまり建設的ではない恋に流されてしまいがちなので注意が必要。特に運命数4の人はトラブルの暗示があるので、相手の見極めを。運命数34の人も恋がしっくりいきづらいタイミングなので、結婚を考えている相手がいるならよく話し合って。

ゴールインのチャンスとなる月

公私を両立し真摯に愛を注ぐ

月の寿ゾーンは、1月と6月から9月。少し気持ちが不安定になっているものの、この時期にビビッと感じた相手とは長い付き合いになりそう。ひたむきに愛情を注ぎ、穏やかな家庭を築けるよい関係でいられるでしょう。パートナーとのはっきりしない関係にイライラしている場合は、感情的にならないように話をすること。不満や不安を溜め込んだ結果、当てつけで浮気や一夜限りの恋に流される場合もあるので、自分が手に入れたい幸せのイメージをしっかり思い描いて。仕事も忙しくなるので、家庭との両立を視野に入れましょう。

ご縁を運んでくれる場所

趣味に関するお店

マニアックな趣味に関わる場所にツキ。自分の趣味にぴったりハマるお店があったら、そこに通い詰めると、同じような好みを持った相手と出会えて尊敬が愛に変わりそう。

注意したいトラップ

不毛な恋に依存する

仕事や人間関係でストレスが溜まったり、好きな人とうまくいかなくなったときに、生産性のない恋に依存してしまう可能性が。自分なりのブレない生き方を確立しましょう。

Mountain

山タイプ

寿ゾーンももう後半！変化を受け入れて

2024年に意識してほしいこと

のんびりせずに気合いを入れて！

自分の生活圏で恋愛をするとスムーズ

恋愛観が変わる出会いもありそう

とにかくスピーディーに恋愛模様が変化していく2024年。この年は寿ゾーンで「転」にあたり、変化せざるを得ない状況や、恋愛観を変えるような出会いがおのずと訪れることになりそう。周囲からも交際や結婚の報告が聞こえてくるなど、うかうかしていられないような気持ちが高まるはず。年の寿ゾーンももう後半なので、のんびりしてはいられません。運が味方についてくれているので、自分の恋愛と向き合い、建設的な関係を築いていきたい1年です。行動すればすぐに結果が出るため、最初は乗り気じゃなかったとしても、自然と恋愛のモチベーションは上がります。出会いから交際、結婚に至るまでのスピードも速い時期なので、日々急展開が訪れるような運気が巡るこの時期、ここで頑張れば「結」の2025年までには望む幸せが手に入るでしょう。

基本性格

どっしりとした雰囲気で、周囲の人々を安心させる包容力を持っています。とことん謙虚なスタンスであるため、自己主張は少し苦手。あなたを理解してくれる存在を大切にして。

2024年の恋愛＆結婚チャート

運命数	1/6〜	2/4〜	3/5〜	4/4〜	5/5〜	6/5〜	7/6〜	8/7〜	9/7〜	10/8〜	11/7〜	12/7〜
5			△					★	◎	!!		★
15					△	★		!!		★	◎	
25	◎			★		!	△	★				
35		★	◎	!		★			△			
45		!		★	◎						△	★
55	△	★					◎			★		!

交際から結婚への道

チャンスを逃さず意思表示を

ちょっとやそっとではブレない山タイプ。普段は安定志向で自分の生活を変えることを好みませんが、2024年はよくも悪くもあなたの恋愛スタイルを崩してくる相手に翻弄されることに。特に運命数45の人は思いがけない相手との結婚話が一気に進展する予感も。運命数25の人は大きな変化の兆しがあるものの、長く続く関係ではなさそうなので、経験を積むくらいの気持ちでいたほうが正解です。いずれにしても、あまりのんびりしていると恋や結婚のチャンスを逃してしまうので、この人という相手からの好意を感じたら、勇気を出して意思表示を。

ゴールインのチャンスとなる月

自分の生活圏に相手を引き寄せる

月の寿ゾーンは、1月と8月から11月。将来を見据えた同棲や新居探しの話が浮上しそうです。自分なりのスタイルを持っていて、こだわりが強い山タイプのあなたですから、相手についていくのではなく、あなたの生活圏内に相手を引き寄せて、一緒の時間を長く過ごすのがおすすめ。あなたの生活リズムを分かってくれて、隣で見守ってくれる知的な相手であれば、パートナーとして申し分なしといえそうです。周囲の人に優しくして、愛されているあなたの姿を見て、相手の中でもあなたとの人生をイメージできるようになるでしょう。

ご縁を運んでくれる場所

よく行く地元のお店

さまざまな変化が舞い込んでくる2024年は本当に必要な相手を見極めたい年。気になる人がいたら、よく行く地元のお店に誘って、同級生や旧友に審査してもらうのもアリ。

注意したいトラップ

損得勘定に走らない

寿ゾーンも後半戦に入り、地盤を盤石にしたい2024年ですが、だからといって焦りすぎは禁物。損得勘定で物事を考えず、あなたの魅力である大らかさを活かして。

Field

畑タイプ

真剣な恋や交際ほどその後の関係につながる

2024年に意識してほしいこと

友達や知人の紹介から出会いが！

パートナーとの結婚話は進めてOK

マリッジブルーでの目移りに注意

パートナーシップについて考えたい2024年の畑タイプ。恋愛模様はまさに、土を耕し種を蒔き、大切に育ててきたものを収穫するような、締めくくりの1年を迎えようとしています。寿ゾーンで見ても、2024年は後半戦。これまでただモテるムードを満喫してきたような人も、いよいよ本腰を入れるタイミング。出会いを求めるならば、友達や知人の紹介がベスト。何でもソツなくこなし、万能タイプに思われがちなあなたですが、そんなあなたの内面をよく知る人からの紹介であれば、間違いはないでしょう。パートナーとの今後に悩んでいる人は、結婚話を進めてほしい時期です。ただし、行き当たりばったりで進めるのではなく、手順はしっかりと踏んで。恋人から夫婦へと関係を変える中で、自分たちに必要なものをふたりで考える時間をとりましょう。

基本性格

何でもソツなくこなす万能型。多芸多才でコミュニケーション能力も優れているため、多くの友達に恵まれます。考えるよりもとにかくやってみる、の行動派でもあります。

2024年の恋愛＆結婚チャート

運命数	1/6〜	2/4〜	3/5〜	4/4〜	5/5〜	6/5〜	7/6〜	8/7〜	9/7〜	10/8〜	11/7〜	12/7〜
6	★	△			★			◎			!!	
16				△			★		!!	◎	★	
26					★	△	!		★			◎
36		◎	★		!		★	△				
46	★		!	◎	★					△		
56	!!		★			◎					★	△

交際から結婚への道

言い寄る相手が多いとき 早めに道筋を作って

寿ゾーン期間も後半に差し掛かり、本気を出したい2024年。心に決めた相手がいる場合は、早めに親きょうだいに紹介して、結婚へのスピードを早めましょう。言い寄ってくる相手が多いときだけに、マリッジブルーになってつい浮気願望が……なんて展開もあり得る時期。特に運命数16の人はトラブルの暗示が出ているので気をつけましょう。運命数36の人も話がまとまりづらいとき。相手が恋をリードしてくれるようハッパをかけて。運命数46の人は、結婚のよきタイミング。結びつきが密接になるときなので、お互いの結婚観をよく話し合って。

ゴールインのチャンスとなる月

早めに関係を詰めて動く

クセのある人やアクの強い人に惹かれやすい畑タイプのあなたですが、実際にはどんな植物にも養分を供給する畑のように、誰とでもうまくやっていくことができます。2024年、あなたのパートナーにふさわしいのは、安心して将来をイメージできる堅実な人。月の寿ゾーンは、1月と8月から11月であり、これは年と月の寿ゾーンが重なるW寿ゾーンになります。2024年前半のうちに関係を詰めて、後半の期間にゴールインを目指せば、この先もよりよい関係が築けるでしょう。出会いの多い年ですが、早めに相手を絞ることで自分が目指すべき幸せの形が見えてくるはずです。

ご縁を運んでくれる場所

フリーマーケット

マメなところがある畑タイプなので、お小遣い稼ぎのためにも、フリーマーケットやネットアプリで不要なものを売るのがおすすめ。結婚に向けて整理整頓をして、身軽になって。

注意したいトラップ

あれもこれも手を出さない

自分から動かなくても恋や結婚の好機が訪れやすい2024年。あれもこれもと目移りすると大事なものを逃すことに。自分が本当に手放したくないものは何かをよく考えて。

Rock

岩 タイプ

助走からトップスピードへ勢いに乗って走り出す

2024年に意識してほしいこと

刺激的でパワフルな恋が訪れそう！

一緒に何かを乗り越えることで関係が進展

逆告白、逆プロポーズもOK

恋に結婚に勢いづいていく2024年の岩タイプ。2024年から寿ゾーンに突入し、その勢いはさらに増していくでしょう。「自分から動けば出会いもあるんだけど、その気になれない」と悩んでいた人も、2024年からは恋が忙しくなりそうなタイミングです。偶然の出会いから恋に落ちたり、思わぬ人から好かれたり、刺激的な毎日を送ることができるでしょう。岩タイプはパワフルな性格で、スイッチが入れば一気にアプローチするため、同棲や結婚といった話題も早期に出てくるかもしれません。パートナーがいる人も、盛り上がる恋のモチベーションや波に乗っていくことも大切ですが、考えるべき節目ではしっかり熟考を。5年後や10年後を見据えて、話し合いを重ねましょう。特にお互いの温度感にズレがないかどうかは、細かくチェックを。

基本性格

とにかく負けず嫌いで、逆境に強く、追い込まれるほどに底力を発揮できる性質を持っています。多少のリスクは恐れずにぐんぐん進んでいけるパワフルさを備えています。

2024年の恋愛＆結婚チャート

運命数	1/6〜	2/4〜	3/5〜	4/4〜	5/5〜	6/5〜	7/6〜	8/7〜	9/7〜	10/8〜	11/7〜	12/7〜
7	△	★					◎			★		!!
17			△					★	◎	!!		★
27					△	★		!		★	◎	
37	◎			★		!	△	★				
47		★	◎	!		★			△			
57		!!		★	◎						△	★

交際から結婚への道

共に困難を乗り越え将来を考える

困難に立ち向かっていく強さを持っている岩タイプにとって2024年は、好きな人と一緒にミッションを乗り越えることで、将来の可能性が見えてくるタイミング。大胆に行動する岩タイプの人を見守り、受け入れてくれる協調性がある人となら、よいパートナーシップが築けるでしょう。ただし、運命数37の人はなかなか気持ちがかみ合わない可能性があるので慎重になって。また、運命数47の人は大変化運、運命数57の人は発展運が到来。逆告白や逆プロポーズなどもうまくいきやすいタイミングなので、率先して行動を起こしましょう。

ゴールインのチャンスとなる月

W寿ゾーンを前向きに生かす

月の寿ゾーンは、2月と10月から12月。この期間は年の寿ゾーンと重なってW寿ゾーンになるので、結婚に向けて進展しやすいタイミングです。恋に関しても結婚に関しても熱くなりやすく冷めやすいところがある岩タイプ。自分の気持ちが盛り上がっているW寿ゾーンのうちに一気に結婚を決め、出産や子育てなど次の目標に向かって動いていくとモチベーションが維持できるでしょう。そして、何か問題が起きたときはふたりできちんと話し合い、前向きに乗り越えていくことで絆が深まり、一生を共にする覚悟が生まれるでしょう。

ご縁を運んでくれる場所

心身を鍛えるスポーツ

戦うことが大好きな岩タイプの人におすすめしたいのが、合気道や剣道、柔道など。心身が鍛えられるだけでなく、戦うあなたの姿に惹かれた人から愛の告白を受けることも。

注意したいトラップ

すぐに別れを決めない

見切りをつけるのが早いところがあなたの長所でもあり短所でもあります。結婚準備に際しては意見が合わない場面もありますが、すぐに関係を終わらせず話し合いで克服を。

Treasure

宝 タイプ

余分な恋愛はリセット！ 真摯な愛を選び抜いて

2024年に意識してほしいこと

真剣な恋愛をするチャンスの年

自己肯定感を高めてくれる相手に注目を

本命の恋人との結婚話は迷わずに！

真剣な交際を望んでいる人にとっては、チャンス到来の2024年。建設的な関係を築ける寿ゾーンに突入するので、ワケありの恋や過去の恋愛、腐れ縁を引きずってきた人は、この機を境に心機一転リセットを。もとからその独特な魅力で多くの人を惹きつける宝タイプですが、この年はいつも以上に声をかけられたり、アプローチを受けたりする機会も多いはず。真剣なものから遊びの恋まで種々さまざまですが、浮ついた関係は避けて自己肯定感を高めてくれる相手に目を向けて。特に、聞こえのいい言葉ばかりかけてくる人は要注意です。信頼できる相手とも巡り会える運気にあるので、よく見極めて。結婚運も良好な時期にあるため、同棲中のカップルや引っ越し、転職などの節目を迎える人は、結婚話が浮上するかも。心に決めた相手なら、迷わず進めてOK。

基本性格

感受性が豊かで人とは違う視点で物事を見ることができます。華やかな気品は、近づきがたいオーラを発することも。承認欲求が強く、人から認められたいという感情が強いでしょう。

2024年の恋愛＆結婚チャート

運命数	1/6〜	2/4〜	3/5〜	4/4〜	5/5〜	6/5〜	7/6〜	8/7〜	9/7〜	10/8〜	11/7〜	12/7〜
8	!!		★			◎					★	△
18	★	△			★			◎			!!	
28				△			★		!	◎	★	
38					★	△	!		★			◎
48		◎	★		!		★	△				
58	★		!!	◎	★					△		

交際から結婚への道

魅力が高まり誘いが増えるとき

自分から愛を伝えたり、結婚したいという気持ちをアピールするのは苦手な宝タイプですが、寿ゾーンのはじまりである2024年は、魅力が高まり、放っておいてもうれしいお誘いが多数ありそう。華やかなあなたの美しさに惹かれつつ、その不器用な部分も包み込んでくれる人なら、結婚相手として申し分なしです。ただし、運命数28の人はトラブルの暗示があるので相手をよく見極めて。運命数38の人も話がまとまるのは2026年以降に。運命数58の人はW寿ゾーンにチャンスが重なっているので、結婚にぴったりのタイミングです。

ゴールインのチャンスとなる月

高スペックの相手と縁がありそう

プライドが高く、結婚についても確固たる理想を持っている宝タイプ。月の寿ゾーンは、2月と10月から12月。この期間は年の寿ゾーンと重なり、結婚にピッタリのW寿ゾーンとなります。人が集まるパーティーやイベントに顔を出すと、経済力や社会的地位など世間的にも申し分ない人に誘われる予感。自分が憧れるものを持っている相手に惹かれやすいあなたですから、分かりやすい高スペックの相手を吟味したほうが、自分の中でも納得感を得やすいでしょう。お見合いや親戚の紹介など、条件から入るのも◎。

ご縁を運んでくれる場所

美術館やギャラリー

センスがよく、美しいものを好むあなた。美術館やギャラリーに出かけてお気に入りのアートを鑑賞すると、同じ趣味嗜好の人と出会い、恋に発展しそう。

注意したいトラップ

周囲を気にしない

人目を気にしすぎるところがあるあなたですが、結婚式や新婚旅行の準備などで見栄を張りすぎないように。どう思われるかよりどうしたいかを意識して。

Sea

海タイプ

モテ期到来!! 自分の恋に責任を持って

2024年はある意味、モテ期が到来しそう。ただし、全体に緩いムードが漂っている時期のため、身を任せすぎると複数進行になったり、誰かにどっぷり依存してしまうような危険性も。付き合う人に影響を受けやすく、流されやすい海タイプなだけに、人を見る目が試されます。今は恋愛は遊び程度でいいや、と考えている人はそれでも楽しめそうですが、結婚や真剣な恋を考えている人は、自制心が試されるような運気にあるでしょう。ただし、周りの評価は気にしなくても大丈夫。あなたが「この人こそ!」と思える相手がいるのであれば、自分の心を信じて突き進んで。周囲の意見に流されるのではなく、自分の人生は自分で決めるという責任感を持ちましょう。そのためにも、常に「自分の幸せ」については日ごろからしっかり考えておいてください。

2024年に意識してほしいこと

モテ期到来！
自制心を試されそう

風変わりな相手と
恋の予感が

押し切られて
結婚するのはNG

基本性格

深く広がる海のように、底知れない魅力と知性を兼ね備えています。人から影響を受けやすく、付き合う人によって運気が左右される一面も。自分のペースを保つことが大切です。

2024年の恋愛＆結婚チャート

運命数	1/6～	2/4～	3/5～	4/4～	5/5～	6/5～	7/6～	8/7～	9/7～	10/8～	11/7～	12/7～
9		!!		★	◎						△	★
19	△	★					◎			★		!!
29			△					★	◎	!		★
39					△	★		!		★	◎	
49	◎			★		!	△	★				
59		★	◎	!!		★			△			

交際から結婚への道

交際イコール結婚になりにくい時期

器が大きく、風変わりで個性的な相手に好かれやすい海タイプ。安定や安心よりも変化を好むところがあるので、2024年は周囲からしたら「なんでその人を選ぶの？」と言いたくなるような相手と恋に落ちる可能性が高いでしょう。交際イコール結婚になりにくい時期ですが、運命数9の人と49の人は関係が発展しやすい運気。運命数39の人は今は話がまとまりにくいので、2026年の寿ゾーンまでは待ちの姿勢で。運命数59の人は、ふたりの関係に変化が訪れそう。これまでの楽しさ重視の付き合いが終わり、先が見えてくるかも。

ゴールインのチャンスとなる月

結婚後のイメージをすり合わせて

月の寿ゾーンは、2月から5月、12月。結婚を意識するのであれば、このタイミングで「どんな人生を送りたいか」についてしっかり話し合いを。仕事も結婚生活も子育ても前向きに両立していきたい海タイプですから、古い価値観を持った人とはうまくいかないかも。流されて結婚した結果、恋人としてはうまくいっていたのに、婚姻届を提出した途端、関係がこじれてしまった……なんてことにならないよう、求めるイメージをしっかりすり合わせて。また、マリッジブルーに陥るとよそ見をしやすくなってくるので自制心も大切に。

ご縁を運んでくれる場所

海外発のショップ

新しいものや流行に目がないあなたですから、新しくオープンする海外発のショップやレストランに目を向けて。その情報をSNSなどで発信すると恋につながる出会いがあるかも。

注意したいトラップ

甘やかしてくれる相手

あなたを甘やかして、何でも「いいよ」と受け入れてくれる相手とは生産性がない恋になってしまうので注意。特に相手が既婚者の場合は、早めに清算を検討しましょう。

Rain

雨タイプ

恋愛トラブルは黄色信号 自分に置き換えて糧にして

2024年に意識してほしいこと

恋の軌道修正をはかる年

出会いは相手の誠意を見極めて

依存関係になりがち。結婚は慎重に

モテる反面、恋愛に流されそうな今シーズン。友達カップルのケンカに巻き込まれたり、離婚話の相談を持ちかけられるなど、恋愛や結婚そのものに対して、自分の中のイメージが低下してしまうかも。「こういう恋がしたい」というストーリーを持つ雨タイプですが、周囲の失敗談から物語の修正を図るのもいいかもしれません。また自分自身の恋愛でも、かなり隙だらけになっているよう。手にしている幸せを再確認し、価値観をすり合わせ、今後に続く強固な絆を築いていきましょう。新しい出会いを求めている人は、魅惑的な誘いにこそ、注意を。相手の誠意をしっかり見極めましょう。結婚運にも恵まれますが、パートナーとの金銭や精神的依存のバランスは再確認を。相手も自分も大切に、寄りかかられているだけの関係は未来がないと心得て。

基本性格

雨粒が川になり、大きな流れになるように、継続し積み重ねていくことで大きな成果を生み出す力を持っています。献身的で素直な性格のため、人から甘えられることも多いでしょう。

2024年の恋愛＆結婚チャート

運命数	1/6〜	2/4〜	3/5〜	4/4〜	5/5〜	6/5〜	7/6〜	8/7〜	9/7〜	10/8〜	11/7〜	12/7〜
10	★		!!	◎	★					△		
20	!		★			◎					★	△
30	★	△			★			◎			!	
40				△			★		!	◎	★	
50					★	△	!		★			◎
60		◎	★		!!		★	△				

交際から結婚への道

過去の恋を乗り越える

ひとつの恋愛のタームが長い雨タイプ。過去の恋に引きずられやすいところがありますが、２０２４年はあまり結婚を意識することなく、大らかに受け止めてくれる相手と縁がありそう。その流れで結果的に将来をイメージすることもあるでしょう。この年はピンときたらすぐに動いて正解。特に運命数10の人は融合運があり、心が近づきやすいとき。自分の気持ちを素直に伝えてください。運命数40の人はトラブルに見舞われやすく、関係がまとまりづらいので、今は恋人関係に留めて、結婚を意識するなら年の寿ゾーンがはじまる２０２６年以降に。

ゴールインのチャンスとなる月

恋のアンテナをしっかり立てて

要領が悪いところがあり、好きな相手から告白やプロポーズを受けたのに、びっくりして断ってしまい、あとから自分の気持ちに気づいて落ち込んだ……なんてことになりがちなあなた。月の寿ゾーンは、2月から5月と12月なので、この時期は運の流れに乗っていけるようアンテナを立てて。ただし、そこまで乗り気でもないのに「せっかく言ってくれているんだし」という理由で告白やプロポーズをOKするのは禁物。流されてもいいことはないと心得て。母性が強いあなたですから、２０２４年は年下ともうまくいきやすいタイミング。

ご縁を運んでくれる場所

ボランティア活動

人に尽くすこと、誰かのために何かをすることに秀でている雨タイプ。地域のボランティアなどに参加して献身的に動くと、そんなあなたの姿に惹かれた人から愛の告白が。

注意したいトラップ

素行の悪い元恋人

もともと心優しく、復活愛に向いているあなたですが、素行の悪い元恋人や不誠実な過去の相手とは縁を切って。連絡があってもズルズル流されると婚期が遠ざかるかも。

歳運×空亡で占う

2024年 幸せな恋のつかみ方

「占いの帝王」と呼ばれる四柱推命。的中率の高さで人気のこの占いで、2024年の恋のつかみ方を知っておきましょう。空亡は四柱推命でいう低迷期にあたり、運を左右します。

真木あかり

占い師。フリーライター兼会社員を経験したのち占いの道に転身。占星術や四柱推命、タロットなどの占術を使用し、執筆・鑑定を行っている。『真木あかりの超実践 星占い入門 運を先取りする、使いこなせる』(主婦の友社)、『タロットであの人の気持ちがわかる本』(説話社)、『2023年上半期　12星座別あなたの運勢』(幻冬舎) や「SPRiNG」(宝島社)、「SPUR」(集英社)など、著書・連載・アプリ監修多数。

『シンプル四柱推命 最強の人生をプランニングできる』(主婦の友社)

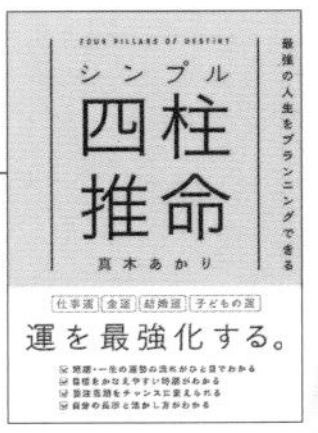

強運の波に乗り、最強の人生をプランニングするための、四柱推命入門。占いの帝王とも呼ばれる四柱推命のメカニズムを、SNSでも大人気の占い師・真木あかりが、極限までシンプルにわかりやすく解説。

日干の調べ方

生年月日表から、自分の生まれた年と月が交わるところの数字を調べます。
その数字に誕生日の数を足し、1の位の数が1の人は甲、2の人は乙、3の人は丙、4の人は丁、5の人は戊、6の人は己、7の人は庚、8の人は辛、9の人は壬、0の人は癸タイプになります。
空亡表と照らし合わせて、右側に書かれたものがあなたの空亡です。
※誕生日を足した数が61以上の場合は60を引く

例 1980年12月26日生まれの場合
生年月日表の自分の生まれた年と月が交わるところの数字は「44」、
それに誕生日の「26」を足すと「70」で60を引いて「10」になるので、
十干タイプは「癸」、空亡表を見ると「戊亥空亡」になります。

生年月日表

	1月	2月	3月	4月	5月	6月	7月	8月	9月	10月	11月	12月
1955	58	29	57	28	58	29	59	30	1	31	2	32
1956	3	34	3	34	4	35	5	36	7	37	8	38
1957	9	40	8	39	9	40	10	41	12	42	13	43
1958	14	45	13	44	14	45	15	46	17	47	18	48
1959	19	50	18	49	19	50	20	51	22	52	23	53
1960	24	55	24	55	25	56	26	57	28	58	29	59
1961	30	1	29	0	30	1	31	2	33	3	34	4
1962	35	6	34	5	35	6	36	7	38	8	39	9
1963	40	11	39	10	40	11	41	12	43	13	44	14
1964	45	16	45	16	46	17	47	18	49	19	50	20
1965	51	22	50	21	51	22	52	23	54	24	55	25
1966	56	27	55	26	56	27	57	28	59	29	0	30
1967	1	32	0	31	1	32	2	33	4	34	5	35
1968	6	37	6	37	7	38	8	39	10	40	11	41
1969	12	43	11	42	12	43	13	44	15	45	16	46
1970	17	48	16	47	17	48	18	49	20	50	21	51
1971	22	53	21	52	22	53	23	54	25	55	26	56
1972	27	58	27	58	28	59	29	0	31	1	32	2
1973	33	4	32	3	33	4	34	5	36	6	37	7
1974	38	9	37	8	38	9	39	10	41	11	42	12
1975	43	14	42	13	43	14	44	15	46	16	47	17
1976	48	19	48	19	49	20	50	21	52	22	53	23
1977	54	25	53	24	54	25	55	26	57	27	58	28
1978	59	30	58	29	59	30	0	31	2	32	3	33
1979	4	35	3	34	4	35	5	36	7	37	8	38
1980	9	40	9	40	10	41	11	42	13	43	14	44
1981	15	46	14	45	15	46	16	47	18	48	19	49
1982	20	51	19	50	20	51	21	52	23	53	24	54
1983	25	56	24	55	25	56	26	57	28	58	29	59
1984	30	1	30	1	31	2	32	3	34	4	35	5
1985	36	7	35	6	36	7	37	8	39	9	40	10
1986	41	12	40	11	41	12	42	13	44	14	45	15
1987	46	17	45	16	46	17	47	18	49	19	50	20
1988	51	22	51	22	52	23	53	24	55	25	56	26
1989	57	28	56	27	57	28	58	29	0	30	1	31
1990	2	33	1	32	2	33	3	34	5	35	6	36
1991	7	38	6	37	7	38	8	39	10	40	11	41
1992	12	43	12	43	13	44	14	45	16	46	17	47
1993	18	49	17	48	18	49	19	50	21	51	22	52
1994	23	54	22	53	23	54	24	55	26	56	27	57
1995	28	59	27	58	28	59	29	60	31	1	32	2
1996	33	4	33	4	34	5	35	6	37	7	38	8
1997	39	10	38	9	39	10	40	11	42	12	43	13
1998	44	15	43	14	44	15	45	16	47	17	48	18
1999	49	20	48	19	49	20	50	21	52	22	53	23
2000	54	25	54	25	55	26	56	27	58	28	59	29
2001	0	31	59	30	0	31	1	32	3	33	4	34
2002	5	36	4	35	5	36	6	37	8	38	9	39
2003	10	41	9	40	10	41	11	42	13	43	14	44
2004	15	46	15	46	16	47	17	48	19	49	20	50
2005	21	52	20	51	21	52	22	53	24	54	25	55
2006	26	57	25	56	26	57	27	58	29	59	30	0
2007	31	2	30	1	31	2	32	3	34	4	35	5
2008	36	7	36	7	37	8	38	9	40	10	41	11
2009	42	13	41	12	42	13	43	14	45	15	46	16
2010	47	18	46	17	47	18	48	19	50	20	51	21

幸運期でも低迷期でも大丈夫 運というものは活かしようです

四柱推命をはじめとする東洋の占いは、立春から次の立春の前日までの1年間を占います。2024年であれば、2月4日から翌年2月2日まで。その間の1年はずっと同じテーマを生きるため、目先のことにとらわれず、長い目で目標を見据えることができるのがメリットだと感じています。特に恋愛の場合、目先のことで一喜一憂してしまうのはしんどいですし、先が見えないのは心細さもひとしお。「今年はこういう年」と押さえておき、欲しかった幸せを手にしていきましょう。

四柱推命の場合、西洋占星術と異なるのは「空亡」という低迷期もびしっと1年区切りで訪れること。低迷期だなんて知りたくないと思う方もいるかもしれませんが、「空亡＝悪いことばかり起こる凶の時期」ではありません。長いこと恋をお休みしている人であれば、むしろ空亡のときのほうが、恋がはじまりやすいことも。運は活かしよう。ずっと運がいいばかりの人も、悪いばかりの人もいないんですね。

空亡表

1～10	戌亥空亡	
11～20	申酉空亡	
21～30	午未空亡	
31～40	辰巳空亡	←※2024年が空亡にあたる人
41～50	寅卯空亡	
51～60	子丑空亡	

2024年はこんな年

2024年2月4日から2025年2月2日は「甲辰」の年。天の気を表す十干のはじまりの干である甲と、地の気を表す十二支は辰となります。甲は甲冑や亀の甲など、硬い殻を持ったもの。草木が新芽を覆う硬い殻を破り、芽吹く様子のように「物事のはじまり」を意味します。一方、辰は植物がエネルギッシュに伸びていく様子を表します。殻を破って伸びていく、そのためには「絶対にやり抜く」というまっすぐな思いが必要です。そして、殻を破っても外気はまだ冷たいままであるように、いいことばかりではなくとも少しずつ自分のできることを増やしていく。恋に限らず、そうしたマインドを基本とするといい1年になるのかなと思います。

2024年に恋をつかむ方法5

方法1 いい年は積極的に行動を

運は待っているだけでは動きません。幸運期が巡ってきても「いいことあるといいな」のマインドでは「穏やかで物事がスムーズに運ぶ時期」くらいの実感で終わってしまうことも。いい時期とあったら、どんどん行動を起こして運を招きましょう。いきなり大きなことをしなくて大丈夫。小さなことでも、行動です。

方法2 空亡を使いこなす

空亡はひらたくいえば「低迷期」ですが、詳しくいえば「立ち止まって足元を固める時期」。新しいことをするには向かず、苦労が多い時期です。一方で、空亡期は勉強や自分磨きにはもってこいで、ここで努力したことは今後の人生で必ず大きなメリットをもたらします。「何もしてはいけない時期」ではないので、ご安心を。

方法3 空亡と恋愛運

空亡期は新しいことが禁忌となるので、結婚や同棲開始、新居購入といったことには向きません。本人たちの努力ではどうにもならないところで不慮の事態になりやすく、苦労が伴いやすいのです。ただ、恋のはじまりは問題ありません。ずっと恋をお休みしていた人の場合、空亡のほうが出会いの機会を得やすかったりします。

方法4 自分の殻を破ろう

世の中を動かす「甲」は、硬い殻を意味します。人間でも「自分の殻」などという例えがよく用いられますが、殻をかぶったままの状態は「今まで通りの自分」です。おそらく、変えたい部分や成長したいテーマは、何かしらあるはず。一時的には大変な思いをしても、思い切って変わることを選んでこそ恋も成就すると思って。

方法5 朝活が転機に

十二支は「草木も眠る丑三つ時」などと、時刻を表すときにも用いられます。2024年の「辰」は、午前7時から9時までが割り当てられています。この時間を充実させることで、運をグッと上向きにすることができるでしょう。ゆったりと勉強や仕事の準備をしたり、朝ごはんを食べたり、理想の暮らしを実現してみては。

甲《きのえ》の人

基本性格

健やかな向上心の持ち主で、基本的にポジティブ。思うにまかせないことがあっても「きっと打開策はあるはず」と、前向きによい部分を探します。若干ガンコなところもありますが、それも成長への意欲があってこそ。

2024年の恋と出会い

自立してこそいい恋ができる

キーワードは「自立」。お互いに寄りかかることなく、しっかり自分の足で立つ関係を築いていきたいと考えているので、前時代的なパートナーシップにとらわれている人は対象外と考えておきましょう。いいなと思った人にはストレートに自分の気持ちを伝えられるので、恋はいつはじまってもおかしくありません。遠距離恋愛として「自立」の影響が現れることもあります。仮に「結婚すると自由がなくなりそう」などと、ホンネでは結婚にネガティブなイメージがある場合は、ひとりの時間を謳歌する可能性が高いでしょう。ただ、それも不思議と嫌ではない時期です。仕事や趣味に打ち込む姿が、逆に魅力的な印象を与えることも多いだろうと思います。

2024年の結婚とパートナーシップ

スピード婚の可能性も

新しい出会いから結婚に至る場合、とにかく展開が早いのが今年の特徴です。結婚に求める条件が一致するやいなや、スピード婚と一気に話が盛り上がるでしょう。ただ、やや強引過ぎる部分があるのは否めません。結婚後に不一致に気づいてスピード離婚となってしまう可能性もあるので、周囲からのアドバイスや反対の声は聞いておいたほうがいいでしょう。もどかしくとも、力を合わせて周囲を納得させる過程もふたりの絆を強めると思ってみてはいかがでしょうか。パートナーはいるけれど問題がある、将来が見えないと不安を感じている場合は、未練を残すことなくパッと別れを選ぶことも。ただ、新しい幸せへのビジョンが明確なので明るい気持ちではいられるはず。

空亡にあたる人の恋と幸せのヒント

優しい目でお相手を見つめて

恋を探している人は、新たな出会いはあるものの、気持ちが冷めるのも早そう。最初は好きだったところがすぐに色あせて見え、一方的に別れを告げることもあるでしょう。それによって「いい人がいない」と思い込みすぎると、新たな縁も冴えないものとなります。冷めてしまうのは、知らず知らずのうちに相手をジャッジする視線になっているから。パーフェクトな人などいないと思って、慎重に相手選びをしたいところです。カップルは些細な言い争いから、あれよあれよという間に別れ話に発展してしまうことも。「もう別れよう」という言葉は、勢いで言うと後悔します。本当に別れるとき以外は、何があっても口にしないと決めておきたいですね。

乙《きのと》の人

基本性格

協調性があり、適応能力は抜群。誰が相手でも柔軟に合わせられるので、集団の中で才覚を発揮することができるでしょう。創造的な才能もあります。ただ、周囲に合わせようとしすぎるきらいも。自己主張も大切に。

2024年の恋と出会い

ゆっくりじっくり、対等な関係を

対等に付き合える相手とご縁がある時期です。進展はゆっくりなので、急がないことが大事。友達関係からなかなか進まないことも多いのですが、それもまた必要な時間と思っておくといいでしょう。ただ、人選については押さえておくべきことが2つ。まず、何かと既婚者が寄ってきやすいときという点です。相手の素性はよくよく確認を。2つ目は、お金の問題を抱えている人は、どんなに魅力的でも絶対に選ばないということ。大変な苦労を背負い込むことになります。付き合うならば、問題が解決してから。日常的にも、食事代や交通費など些細なお金も、貸したり肩代わりしたりしないようにしましょう。当然ながら、貢ぐのは幸せに結びつきません。

2024年の結婚とパートナーシップ

ライフステージの変化は要検討

結婚は愛があってするものですが、ときに「現状を変えたい」「自分を傷つけた人を見返したい」などというホンネがちょっぴり含まれていたりすることもあります。もちろんあなたがそうだと言うつもりはないのですが、仮にそうした気持ちが少しでもあるなら、結婚生活は長続きしにくいでしょう。できれば急がず、関係を育むことに力を入れるとより安定するでしょう。この時期の結婚は、失うものもあります。例えば結婚により多額のお金が出ていったり、転勤や海外赴任がある仕事の人との結婚でキャリアが中断したりすることも。何なら失っていいのか、失っても補ってあまりあるものが想定できるかなど、慎重に考えてからお話を進めるといいでしょう。

空亡にあたる人の恋と幸せのヒント

判断は早めが正解かも

出会いはあっても、少々苦労が多そうです。「結婚すれば変わってくれるだろう」「子どもができれば仕事に打ち込んでくれるだろう」などと相手に期待すると、あとあと裏切られた気分になるでしょう。特にお金の問題は根深い悩みとなり、なかなか解決しません。お付き合いが長くなればなるほど、相手が別れに同意しなくなるので、ダメだと思ったら深入りする前にお別れするのも賢明な選択といえるでしょう。もしも問題を抱えたときは、ふたりだけで解決しようと思わないことです。友達に間に入ってもらうなど、第三者の力を借りるとよさそうです。暗い話ばかりして恐縮です。あなたが頑張って稼いだお金と、そして何より大切な自分を守りましょう。

丙《ひのえ》の人

基本性格

行動力にあふれたリーダータイプ。すこやかな自信のもと、意欲的に道を切り拓いていく様子は周囲にも前向きな影響を与えることでしょう。ただ、エネルギッシュになり過ぎると強引と受け取られることも。バランスを大切に。

2024年の恋と出会い

リセット願望が湧いてくる

「現状をリセットしたい」「自分を変えたい」という思いが強くなるとき。恋人に限らず、あらゆる人間関係がちょっぴり面倒に思えるときでもあります。出会いは意識して行動を起こす必要があるでしょう。現状で周りにいい人がいないと感じているなら今が動くチャンス。「今までと違うことがしたい」という気持ちそのままに、居場所や休日の過ごし方を変えてみるといいでしょう。ただ、変化や冒険を楽しむ気持ちが、相手のステータスに向かってしまうと厄介なことに。既婚者や異性関係が激しい人、変わった性格の人に惹かれやすい点があることは、よくよく自覚しておきましょう。恋は落ちるものでも、知っていれば自制心が働くはず。

2024年の結婚とパートナーシップ

環境を変えるより新たな自分に

結婚を前提にお付き合いしている人は、リセット願望がむくむくと湧いてくるかも。「もっと幸せになれる人がいるはず」などと思ってしまうと関係がこじれやすいので、「マンネリ状態になっていることを、楽しく変える」ほうにリセット願望を向けるといいでしょう。また、「自分を変える」ことですんなり話がまとまることも。コーチングを受けたり、幸せな恋をしている友達にパートナーシップの秘訣を聞いたりすると参考になりそうです。その際はぜひ「今よりもっといい自分になるために変わる」と思ってみたいところです。ダメだから変わるのではありません。ここまでも一生懸命頑張ってきたけれど、さらなる幸せのために変わるという気持ちでいましょう。

空亡にあたる人の恋と幸せのヒント

慎重にご縁を見極めたい

他人に対して懐疑的になり、優しくされても「何かウラがあるのでは」と思ったり、出会いがあってもなかなか心を開けなかったりすることが増えるでしょう。よくいえば慎重になるので、ダメな人をつかむ心配はありませんが新しい出会いは少なめでしょう。マッチングアプリや合コンでは消耗するだけで、どちらかというとよく知っている相手のほうがうまくいきやすいはずです。カップルは知らず知らずのうちに自分を中心に物事を考えやすくなり、相手を寂しい気持ちにさせてしまうかも。自分のことは大事、でも縁あって一緒になったわけですから、お相手の気持ちにも目を向けられると素敵です。面倒に感じても、普段の会話を大切にしましょう。

丁《ひのと》の人

基本性格

周りの人に優しく尽くすサポータータイプ。ただ従順なばかりでなく、深い思いやりの底には決して消えることのない情熱が潜んでいます。ときに自己犠牲が過ぎることもありますが、あなたの優しさに励まされる人は多いはず。

2024年の恋と出会い

落ち着いた恋がはじまりそう

年上の人とご縁があるときです。自分から積極的に新規開拓をするのではなく、「親にせかされて」「年齢的にそろそろ」などと、頭で考えて婚活をスタートさせることになるでしょう。そうした切迫感がない場合、出会いは少なめになってしまうかもしれません。結婚を望むならお見合いや上司や取引先からの紹介など、信頼できる人が仲立ちとなる出会い方にいいご縁が望めそう。また、「学び」が開運につながる年なので、セミナーやスクール、習い事などに通ってみるとそこでの出会いも期待できるでしょう。ただ、意図せず三角関係になってしまうこともある星回りです。落ち着いて相手の素性を確かめ、信頼関係を築いてからの進展がベストです。

2024年の結婚とパートナーシップ

労わり合える関係に

精神的に大きな成長を遂げるとき。ときめきからはじまった関係も、今年は家族のような、労わりや安らぎに満ちたものとなるでしょう。ただ、パートナーシップはお相手があってこそ成立するもの。ふたりでいても背中合わせで過ごしているような関係が続いている場合、お互いのためにと、冷静に別々の道を歩むことを選択することになるでしょう。妊娠が結婚のきっかけになることもあります。その一方で、「今は仕事に集中したい」「経済的な安定を確立したい」などといった希望がどちらかにある場合、結婚を急ぐよりもその希望を尊重したほうがいい関係になるはずです。その場合は、お互いにしっかり話し合い、しこりができないようにしましょう。

空亡にあたる人の恋と幸せのヒント

自分と上手に付き合って

お誘いそのものは多いはずですが、何かと関係が「定まらない」ときです。これはお相手の問題というよりも、あなた自身の課題。「ぴったりの相手が絶対にいるはず」と思うがゆえに次々と好きな人を変えるのですが、どの人にも満足できないのが今年です。身近なところで恋を繰り返し、人間関係に緊張感が生まれることもあるでしょう。心の穴を、別の誰かに埋めてもらおうとしないことです。カップルは相手の優しさを束縛と思ってしまったり、休みの日は自由に過ごしたいと感じたり、束縛を嫌う一面も。気分転換となるアクティビティを上手に取り入れて、うまくガス抜きしていきましょう。セカンドパートナーは本質的な解決にはなりません。

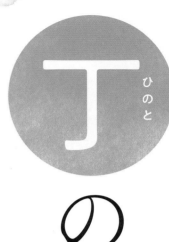

戊《つちのえ》の人

基本性格

どんなときも動じない、安定感と現実的な発想で周囲から信頼を集める人。計画を立て、確実に物事を進めることに長けています。包容力と寛大さも抜群。ただ、思い切った行動ができずチャンスロスに陥ることも。

2024年の恋と出会い

自分から恋をつかみに行く年

何事に対しても積極的になれる時期です。恋も例外ではなく、行動を起こすことで活気が生まれるでしょう。恋をしたいと考えているなら、どんどん行動範囲を広げて人が集まる場所に顔を出してみたいところです。この時期の展開はとにかく、スピーディーでパワフル。初対面で意気投合したり、一目惚れしたりと、運命とも思えるような恋も少なくないはずです。ただ、急速に盛り上がった恋の常として、冷めるのも早いもの。勢いよく前に進んでいく時期は楽しいものですが、お互いの心の結びつきを強める意識も持っておくといいでしょう。友達以上の関係になれず片想いが続いてきた人も、この時期であれば一歩踏み出す勇気を持てるはずです。

2024年の結婚とパートナーシップ

公私のバランスが長続きのカギ

展開が早いのは、結婚についても同様。出会ってすぐにプロポーズされて結婚に至る、ということも十分あり得ます。お見合いや結婚相談所でも、苦労することなくいい出会いに恵まれるだろうと思います。ただ、未婚カップルも既婚カップルも、仕事に打ち込みすぎるとパートナーシップ運が痩せてしまうのでご注意を。かといって、ご縁ばかりを大事にしても仕事運が痩せるのもまた事実。仕事運そのものはいい時期ですから、仕事が楽しく思えている人ほど、仕事とプライベートのバランスを大事にしたいところです。忙しくともマメに連絡をする、ふたりで過ごす休日には仕事を持ち込まないなど、ふたりなりのルールを決めるといい運の波に乗っていけるでしょう。

空亡にあたる人の恋と幸せのヒント

急がず慌てず、お互いを見つめて

出会いはあっても、幸せと感じる条件がお互いにズレていたり、好意的に思えない趣味を持っていたりと、ミスマッチな感覚を抱きやすいかも。程度の問題ではあるかと思いますが、それが許せるかどうかが第一関門となりそうです。また、好きになった人が転勤や転職をしたり、故郷で家業を継ぐ話が出たりと物理的な距離が生じることも。空亡のときは結婚には向きませんし、思い切った変化というのも避けたい時期。ふたりの気持ちは決まっていたとしても、結婚は空亡明けまで待ちましょう。それまでは、切っても切れない絆を築くとき。逆にいえば、そうした理由で切れてしまう相手ならば、ご縁はなかったものと考えるのも、次の幸せにつながります。

己《つちのと》の人

基本性格

調和を愛するマイペースな人です。さまざまな経験からコツコツと学びを得、自分なりの「正解」や「常識」を培います。調整能力は抜群で、仕切り役として腕前を発揮するでしょう。ただ、器用貧乏になりやすい傾向も。

2024年の恋と出会い

信頼できるお相手が見つかる

素晴らしい好調期です。ここで出会うお相手は誠実な方が多く、お付き合いをはじめるときから永続的なパートナーシップを前提としているでしょう。仮に一般的な婚姻制度にのっとった結婚はしない場合でも、お互いを世界で唯一のパートナーと認め合い、尊重し合う関係を築いていけるはずです。友人・知人からの紹介にいいご縁がありそうです。ただ、結婚を考えるほどの相手選びになるので、理想が高く相手に高潔さを求めすぎることも事実です。もしこの時期に恋がうまくいかないときは、非現実的な理想を求めすぎていないか振り返ってみるといいでしょう。なお、仕事運が非常にいい時期でもありますが、仕事に打ち込みすぎると出会いは減る傾向が。

2024年の結婚とパートナーシップ

スムーズに結婚が決まる年

周囲の誰もが祝福してくれる結婚ができる、ハッピーな星回りです。すでにパートナーがいる人は、お相手が空亡期でなければ結婚に向けて話を進めてみるのもいいでしょう。ここで結婚なり、それに準ずるパートナーシップの形をとったりすることで、今後の結婚生活も安定したものとなるはずです。先が見えない恋に身をやつしている人は、この時期に入っても状況が変わらないようであれば、別の人とのご縁を考えてみたほうがいいでしょう。なお、（あなたはなさらないと思うのですが）不義理は一発で信頼を失います。関係にヒビが入ってしまいかねないので、疑われるようなことはしないでおきましょう。過去の関係はこの時期にきっちりと清算しておきましょうね。

空亡にあたる人の恋と幸せのヒント

結婚や婚約は急がずに

気持ちは口に出して伝え、相手の言葉に耳を傾ける。そうした、人間関係のごくごく基本的なことを大事にしていきたいときです。仲睦まじいカップルであっても、この時期はなぜかすれ違いが生まれやすいとき。そこでなんとか粘って関係を修復しようとするよりも「ここまで分かり合えないのだから、もう無理だろう」「別れることが、お互いの幸せにつながるだろう」と一方的な想像で別れを選んでしまったりするのです。ふたりの仲を裂こうとする邪魔者が現れる場合も。ただ、こうした時期もしっかりと時間をかけて話し合うことで、切っても切れない絆を紡ぐことができるはず。不運な時期として振り回されるのではなく、ゆっくり関係を深めましょう。

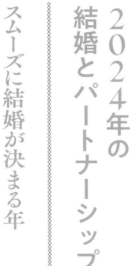

庚《かのえ》の人

基本性格

「とりあえずやってみる」という思い切りのよさとタフな行動力を兼ね備えたタイプ。負けず嫌いの努力家で、裏表のない性格は周囲から信用されることでしょう。ただ、スピードはありますがちょっぴりザツです。

2024年の恋と出会い

幸せが約束される時期

対人運が活性化することで、呼び合うようにして恋愛運も上がっていく年です。ここしばらく恋をお休みしていた人にも、いいご縁が巡ってくるでしょう。持ち前の魅力が周りの人にも伝わりやすいときですから、周囲の人の態度も変わりそう。複数の人から好意を寄せられることもありそうです。あなた自身も、ストライクゾーンが拡大傾向に。マッチングアプリなどでは、どの人とも楽しいやりとりが続き、ひとりに絞り込むのに苦労しそうです。ただ、八方美人になったり、次から次へと相手を変えていたりするとジワジワと評判が下がり、マイナスイメージにつながることも。誰かを傷つけるようなことは控え、一対一の関係を築いていけると素敵です。

2024年の結婚とパートナーシップ

「この人」と気持ちを決めて

結婚にも向いた年です。ここでの出会いは多くが結婚に至りますし、ここまで出会いに恵まれなかった人も、不思議なほどスムーズに縁談が決まるなど好調期です。親や友達など、周りの人が背中を押してくれて決まる結婚もありそうです。ただ、ひとりに絞り込めず表面的なお楽しみばかりを求めていると、結局どのお付き合いも薄っぺらいものとなり、誰も選べないということになりかねません。結婚したいという気持ちがあるなら、どこかで気持ちを引き締めるといいでしょう。なお、曖昧な関係をズルズルと続けてきている相手がいるなら、しっかりと関係を清算しておくこと。別の人と結婚した場合、暗雲が垂れ込める場合があります。トラブルの芽は摘んでおきましょう。

空亡にあたる人の恋と幸せのヒント

モテるものの、人選は要注意

出会いが多く、進展もスピーディーです。ただ、ここでの恋はどこか「運命を狂わせる」ような部分があります。お相手に夢中になりすぎて仕事がおろそかになったり、相手の嘘を見抜けなかったりと「こんなはずでは」ということになりやすいでしょう。おかしいなと思ったら、その直感はスルーしないことです。しっかり話し合って問題を解決することは必須です。ごまかしたり、開き直ったりする人は、そこまでのご縁だと思ったほうがいいでしょう。パートナーがいる人は、信頼し合える関係を築いていくことが何より大事。結婚も同棲も、空亡が終わるまで待ちましょう。それまでの時期は、時間をかけて愛を育んでいくべきときと思っていて。

辛《かのと》の人

基本性格

人一倍鋭い感受性を持ち、美しいものや人の気持ちを敏感に察知。好き嫌いははっきりしており、自らのポリシーから外れることは絶対にしないでしょう。誇りと品にあふれる人ですが、裏を返せば見栄っ張りな一面も。

2024年の恋と出会い

堅実な恋を育んでいく年

非常に真面目な運気です。結婚を前提とした恋を望んでいる人にとってはうれしい時期で、ときめきよりも「パートナーとしてふさわしいか」「一緒に生活をし、子どもを育てていけるか」といった視点から相手を見極める人も多そうです。ただ楽しいだけの恋は求めていないので、マッチングアプリはどうにも疲れてしまうかも。対人関係が大きく拡大する時期でもあり、リアルな知り合いから恋人候補が現れることが多いでしょう。地元のお祭り、会社の懇親会など、よく知った人が集まる場所には積極的に顔を出してみたいところ。また、友達が多いならホームパーティーを企画して人を呼ぶのも、ふとしたきっかけで恋に進展することになるでしょう。

2024年の結婚とパートナーシップ

飾らない自分を出せる人と結婚を

理想のパートナーと出会い、すんなりと結婚に向かって話が進んでいく時期です。といっても自分とかけ離れたハイスペックの人ではなく、絶妙に釣り合いがとれる相手との縁が深まります。等身大の自分同士で、協力し合って結婚生活を維持する中で、お互いの絆も強まっていくのでしょう。等身大という意味合いからいえば、友人や同僚と話しているうちに求める条件が一致し、結婚に至るような人もいそうです。ちょっぴり嫌な話になってしまうかもしれませんが、恋人の浮気に悩んでいた人の場合、今年を境に自然とお相手が「戻ってくる」ことになると思います。それを受けてどう判断するかはあなたの自由ですが、とにかく「戻ってくる」のだろうと思います。

空亡にあたる人の恋と幸せのヒント

相手が求めるものを見極めて

この年に巡ってくる恋や縁談は、愛の前に「損得勘定」がありそう。あなたとお付き合いしたり、結婚に至ったりすることで相手にメリットがある場合、次第にそれが露見することとなるでしょう。そうした関係は、あなたが求める幸せとはちょっぴりかけ離れたものになりそう。お付き合いに至る前にたくさん会話を交わして、疑問符がつくようであれば必ず立ち止まって。なお、お相手の浮気が発覚したり、借金を重ねていることがわかったりする場合も。再構築するか、お別れを選ぶかはあなたの自由ですが、「結婚すれば変わってくれるはず」と期待するのはNGです。「肩代わりしてあげれば、離れていかないのでは」といった想像も控えておいて。

壬《みずのえ》の人

基本性格

広い視野と素晴らしい社交性の持ち主で、どんな場でもスッと馴染んで相手の懐に飛び込みます。義理人情を大切にすることで、いつの間にか慕われる存在に。ただ、人に流されやすい一面があることも確かです。

2024年の恋と出会い

モテ期到来。地に足をつけて

生活が潤い、心に余裕が生まれる時期。そうしたあなたの雰囲気が人を寄せつけるのでしょう。やたらナンパされたり、思いもよらない人から好意を打ち明けられたりするモテ期です。特に趣味や好きなアーティストなどの話で一気に盛り上がり、そのまま深い関係に……ということも多そう。まるでドラマのような展開もありそうですが、妊娠しやすい時期でもあるのでその点はけじめのあるお付き合いを心がけましょう。強引な人に押し切られたり、楽しいムードに流されたりして、インモラルな愛に身を投じたりはしないでおきましょうね。仮にそうした愛がはじまると、今年はなぜか周囲にもバレバレ。知らず知らずのうちに評判を落とすことに。

2024年の結婚とパートナーシップ

楽しい結婚生活を送っていける

あまり重たく考えるのではなく「そんじゃ、結婚しよっか♪」などといったノリで、サクッと結婚が決まるときです。ただ、複数の人と同時進行で恋をするなど、遊びばかりに目を向けていると、現実的な幸せは遠ざかっていく可能性もあるでしょう。結婚を望むのであれば、どこかでけじめをつけたいですね。楽なほうに流されやすく、「明日でいっか」などとなりやすい時期なので、少しだけ気をつけておきましょう。この時期の結婚は義実家と同居が前提となっていたり、家業を継ぐ必要があったりすることも多いようです。それが大きな問題にはならないはずですが、何かと見通しが甘くなりがちな時期でもあるので、意識してしっかり話をするとよさそうです。

空亡にあたる人の恋と幸せのヒント

流されない、強い気持ちで

非常にモテる時期で、情熱的にアプローチされたり、マメに尽くしてもらえたりとうれしいことが多いでしょう。ここまで、恋で傷つくことが多かった人ならなおさら、「ここから絶対幸せになれる」と思えたりするでしょう。ただ「一度くらいいいかな」などとイージーに遊びの関係を持つと失うものも多いので気をつけましょう。空亡なので結婚には向かないのですが、親や周囲から「早くしないと」と急かされる形で結婚すると思うにまかせない結婚生活になることも。また、悩みやつらさを抱えている場合、優しそうな人がいるとフラフラと気持ちが引き寄せられてしまうことも。もしも関係を前に進めるなら順序が大事。まずはパートナーとお別れを。

癸《みずのと》の人

基本性格

感性豊かなロマンチストですが、人に与える印象とは裏腹にしたたかで柔軟。こだわっていることについては一歩も譲らない姿勢を見せることも。完璧主義な一面が出ると周囲とぶつかるのですが、継続力もあります。

2024年の恋と出会い

相手の本質に目を向けて

好き嫌いがはっきり現れる年。アリ・ナシのジャッジが早く、お眼鏡にかなう人はさほど多くはないでしょう。ただ、正しく見極められているかどうかはまた別のお話で、どこか偶像化した相手を好きになっているようなところもあります。関係が前に進んでから「こんなはずでは」と思うこともあるでしょう。共通の友人・知人がいるならその人の評価も聞いてみるなど、客観的な意見も参考にしたいところです。お付き合いがはじまったら、最初のうちは何かとケンカが多いかも。感性が冴える時期なので細かいところによく気がつくうえ、はっきりと物を言うことでお相手を驚かせることも。自分の気持ちを伝えるときは、優しい言葉を選べると素敵です。

2024年の結婚とパートナーシップ

立ちはだかる障壁の解決から

結婚には何かと立ちはだかるものが多い年です。これはあなたに何かが足りないとか、よくない縁だということではなく「そういう時期」と思っていらしてください。本人同士は愛し合っていても親族に反対されたり、経済的な状況が思わしくなかったりと、「ちょっと様子を見よう」という展開になりやすいでしょう。仮に解決を見ないまま押し切って結婚しても、それによって解決を見るどころか離婚のリスクを増やしてしまうことすらあります。もしも相手に不満やフラストレーションがある場合は、溜め込むよりもその都度伝えることが大切です。もちろんやわらかい言葉を選ぶ必要はありますが、怒りをぶつけることで関係が終わってしまう未来は回避することができるでしょう。

空亡にあたる人の恋と幸せのヒント

あえてセオリーを外さないこと

空亡中は新しいことが禁忌となりますが、もっともわかりやすい例が結婚です。恋のはじまりはOKですが、結婚はNGというのが四柱推命のセオリー。空亡が明けるまでは、足元を踏み固めるようにして愛や生活の基盤づくりをしていくことが大切なんですね。ただ、この時期に空亡が巡っている人は、それでも結婚を選びたくなるかもしれません。「このふたりなら、低迷期だって力を合わせて乗り越えてみせる」と思ったりするのですが、余計なトラブルを呼び込むことも多く、先行きは不透明なものに。見通しのつかなさから、愛も不安定になりやすいでしょう。運というものは努力も大事ですが、タイミングも大事。空亡中は、無理せずにいましょう。

タロットで導く2024年 あなたの恋のテーマ

LUA

2004年、コンピュータ・グラフィックスのデザイナーを経て占いの道へ。占い、呪い、開運と、ジャンルを超えて活動するユニークな占術家。東京・六本木でLUA's BAR（占いバー）を営んでいたことも。2017年発売の著書『78枚のカードで占う、いちばんていねいなタロット』（日本文芸社）は大ヒットベストセラーに。雑誌・書籍・WEBなどの各メディアで、占い、おまじない、心理テスト のほか、コラムや児童向けの怖い話などを執筆・監修している。

あなたの2024年の恋愛について、タロットカードで占ってみましょう。あなたにどのような愛情や関係が訪れるかについて、カードに問いかけてみてください。

大アルカナで占う1年のテーマ

あなたの生年月日をもとに、2024年のあなたの恋のテーマを大アルカナで読み解いていきましょう。愛を育むヒントが見えてくるはずです。

0 愚者

気ままな歩みで

気合いで向き合わず、気ままに恋の道を歩みましょう。深刻に考えすぎず、「なんとかなるさ」というお気楽さがほどよくマッチするでしょう。「ちょっといいな」という軽い気持ちからはじまる恋にツキがめぐる1年です。

1 魔術師

自分から動く

積極的な恋のスタンスが成就の決め手に。好きな人はもちろん、気になる人に出会ったらアプローチを仕掛けて。あなたがイニシアチブをとることで、恋が軌道に乗ります。自らの恋に魔法をかけて、恋を実現しましょう！

2 女司祭

古風に慎ましく

清らかさが恋のテーマになる年です。お色気で勝負を仕掛けず、高嶺の花を気取るくらいでいてください。近寄りがたいと思わせることで、軟派な相手をふるい落としましょう。あなたを大事にしてくれる相手が残ります。

3 女帝

優しさと愛を示して

優しさと愛を忘れずに相手に接していきましょう。嫉妬や怒りの感情をも制御して、笑顔を見せることができるかが恋の未来を左右します。優雅に美しいあなたを保ち続けながら、豊かな恋を実らせていきましょう。

占い方

生年月日を1桁ずつ全部足して、22未満ならそのまま、22以上なら22をマイナスしてください。そこで出た数があなたの結果です。

0	愚者	11	正義
1	魔術師	12	吊るし人
2	女司祭	13	死
3	女帝	14	節制
4	皇帝	15	悪魔
5	司祭	16	塔
6	恋人	17	星
7	戦車	18	月
8	力	19	太陽
9	隠者	20	審判
10	運命の車輪	21	世界

例 2023年11月30日生まれの人

2+0+2+3+1+1+3+0 = 12 = 吊るし人

4 皇帝

包容力を持って

包容力を持って接したい年です。気になる人に出会ったら、結婚を前提に交際を申し込むとまじめな気持ちが伝わりそう。好きな人に対しても、責任感がある硬派な振る舞いを意識することで、将来を考えられる関係に。

5 司祭

精神的な支えになって

気になる人や好きな人の精神的な支えになりたい年。悩んでいるときには相談に乗ってあげると相手の信頼を得ることができます。結婚を意識した関係を視野に入れつつ、お互いに尊敬し合える恋を目指していきましょう。

6 恋人

恋を楽しんで

心地よさが恋のテーマになる年です。快楽に手を伸ばし、夢見心地で恋に身を委ねましょう。あれこれ難しく考えず、魅力的な相手との恋を楽しんで。人の目を気にせず目の前の恋を満喫することで、運が開ける1年に。

7 戦車

想いをぶつけて

勇気を出して恋心を相手にぶつけましょう。たとえ障害や困難があったとしても、モノともせずに猛烈なアプローチを仕掛けることが、恋を進展させるポイントに。あなたがリードすることで、関係が一気に進みます。

8 力

思いやりを持つ

思いやりと忍耐強さがテーマになるとき。焦らずに時間をかけて恋を進めましょう。気になる人に対しては、じっくり作戦を練ってからアプローチを仕掛けることで本気が伝わります。根気強く恋を実現しましょう。

9 隠者

落ち着いて向き合って

落ち着いて過ごしたい年です。恋に悩みや問題を感じたとしたら、感情的にならずもっとよく考える必要がありそう。過去の似たような状況にヒントがある可能性も高いので、抱え込まずに人に相談しましょう。

10 運命の車輪

流れに身を委ねて

勢いのある恋愛がテーマになる年。運命を感じる人や意気投合できる人に出会ったら、自分から動くよりも流れに乗っていったほうが、恋がうまくいきます。一目惚れからはじまる恋もとんとん拍子に進展しそうな年です。

11 正義

対等な関係をつくって

対等な意識を持つことが恋の成就の決め手に。好きだからという感情だけで動かず、自分と釣り合った相手とギブアンドテイクの関係をつくれるかが今後の明暗を左右します。自分にお似合いの相手をよく見極めましょう。

12 吊るし人

すべて受け入れて

尽くす恋がテーマになる年です。好きな人や気になる人との関係が進展しない場合でも、すべてを受け入れて時間が過ぎるのを待つのが正解。あれこれ構わずにひとりにしてあげられるかどうかがあなたの度量の見せ所です。

19 太陽

明るい気持ちで

気持ちを明るく持って、恋の成就を目指しましょう。この調子で進めば、周囲からの祝福を受けて、喜びに満ちた恋の日々が待っているでしょう。誠実な相手との健全な恋があなたに幸せを運んでくれる１年です。

16 塔

大胆に行動を

刺激が恋のテーマになる年です。今までと違うスタイルを意識しつつ、恋を進めてください。電撃結婚や出会ってすぐの肉体関係など、急展開を迎える可能性もありますが、どうせなら大胆に変化を受け入れていきましょう。

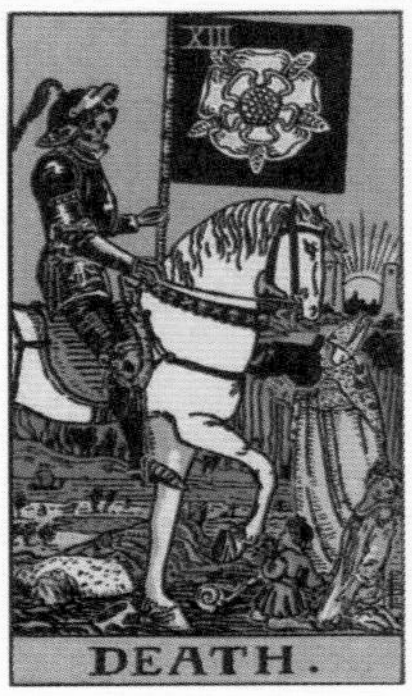

13 死

勇気を出してリセットを

次の恋を意識して動きましょう。割り切った恋や秘密の関係に悩んでいたり、不毛な恋愛に疲れているなら、思い切って解消する勇気を持つことで、新たな自分になれます。うじうじしていても状況は変わらないと気づいて。

20 審判

過去の恋を整理して

リベンジが恋のテーマになる年。過去を整理して新しい恋に向かいましょう。復活愛を願うなら、マイナス思考にとらわれず、今できるベストを尽くしてください。この人と燃える相手がいるなら結婚を意識したい１年です。

17 星

希望を持ち続けて

前向きな気持ちを大切にし合いましょう。どんなときでも相手を信じて無償の愛を捧げることができるかどうかが今後の関係を決めることに。好きな人への憧れと未来への希望を持ち続けながら、恋を進展させましょう。

14 節制

知性を発揮して

知性が恋のテーマになる年です。好きな人や気になる人が何を感じているかに関心を持つことで、恋が順調に進展するでしょう。理解し合える関係を目指し、ちょうどいい距離感を見極めることで恋を実らせていきましょう。

21 世界

満足感を味わって

相手への信頼と尊敬を持って、幸せな結婚を目指しましょう。最後まで自分のペースで進めば、多くの人たちが応援してくれます。相思相愛の相手との実りある恋に満足感を覚え、喜びを周囲と分かち合える１年でしょう。

18 月

今は受け流して

好きな相手との間に問題があっても、今は深刻にとり合わず、距離を置きましょう。見て見ぬふりをするほうが気持ちがラクになる１年です。ワケありの恋やライバルのいる恋の場面では、手の内を明かさずにやり過ごして。

15 悪魔

誘惑に注意して

甘い誘惑に気をつけましょう。不誠実な恋や危険な誘いに乗らず、自分を保てるかどうかが今後の恋の明暗を左右します。悪い方向にいざなう人や、よこしまな思いを持つ人に注意して、流されないように過ごしましょう。

コートカードで占うふたりのムード

あなたと相手の太陽星座のエレメントから、ふたりの間に流れるムードが見えてきます。コートカードの人物たちの声に耳を傾けてみましょう。

占い方

あなたと相手の星座の火地風水のエレメントを調べて、下の表で掛け合わせてください。

火	牡羊座、獅子座、射手座
水	蟹座、蠍座、魚座
風	双子座、天秤座、水瓶座
地	牡牛座、乙女座、山羊座

相手→ ↓あなた	キング(火)	クイーン(水)	ナイト(風)	ペイジ(地)
ワンド(火)	火×火	火×水	火×風	火×地
カップ(水)	水×火	水×水	水×風	水×地
ソード(風)	風×火	風×水	風×風	風×地
ペンタクル(地)	地×火	地×水	地×風	地×地

キング(火)　クイーン(水)　ナイト(風)　ペイジ(地)

ワンド(火)

KING of WANDS

ワンドのキング

強いエネルギーで惹かれ合う情熱的なふたり。恋心に身を任せて勢いで燃え上がり、ホットなムードに。

QUEEN of WANDS.

ワンドのクイーン

お互いを想い合って、一途な愛を育むふたり。愛の強さを疑わない誠実な心で結ばれて気高いムードに。

KNIGHT of WANDS.

ワンドのナイト

求めるままに結ばれるふたり。後先を考えずに一気に燃え上がり、アバンチュール的なムードに。

PAGE of WANDS.

ワンドのペイジ

恋の楽しみに夢中になる無邪気なふたり。ときめきのままに駆け引きをして、青春を味わうムードに。

カップ(水)

KING of CUPS.

カップのキング

優しさと情熱を持つふたり。相手を許す懐の深さを持てるはず。どんなことでも受け入れられるムードに。

QUEEN of CUPS.

カップのクイーン

共に泣き、笑い合えるふたり。身も心も寄せ合いながら、相手のことを受け入れようとするムードに。

KNIGHT of CUPS.

カップのナイト

誠実で真摯な愛を深めるふたり。本心から相手を褒める言葉を意識すると、ますます円満なムードに。

PAGE of CUPS.

カップのペイジ

ピュアな愛情を育めるふたり。どんなことであっても心から楽しむことができ、笑い合える温和なムードに。

ソード(風)

KING of SWORDS.

ソードのキング

ストイックに高め合えるふたり。恋愛面でも要求が高く、自分にも相手にも厳しくなりがちなムードに。

QUEEN of SWORDS.

ソードのクイーン

心の深い部分でつながれるふたり。言葉を大切にし、相手の感情を理解しようとわかり合えるムードに。

KNIGHT of SWORDS.

ソードのナイト

聡明で決断力に優れたふたり。お互いに自立心を持ちながら、お互いを尊重でき、合理的な道を選ぶムードに。

PAGE of SWORDS.

ソードのペイジ

アイデアや思いつきを大切にするふたり。アクティブに物事に取り組むことができ、行動的なムードに。

ペンタクル(地)

KING of PENTACLES.

ペンタクルのキング

感情豊かに愛を育めるふたり。それは、お互いの努力あってこそと理解し、安定感を作り上げるムードに。

QUEEN of PENTACLES

ペンタクルのクイーン

現実的なアプローチと知性が結合するふたり。目標や夢に向かって一緒に努力し、力を尽くせるムードに。

KNIGHT of PENTACLES

ペンタクルのナイト

最後まで添い遂げられるふたり。似た者同士の部分があり、お互いに頼りになって支え合えるムードに。

PAGE of PENTACLES.

ペンタクルのペイジ

ひたむきに恋愛に取り組めるふたり。堅実な相性で、リスクは避けて現実的な選択肢をとりがちなムードに。

占い方

P64で出した大アルカナの数に、占いたい日付を足した数を、「ワンド（火）」と「1」の位置から、マンスリーカレンダーのようにマスを進んで数えてください。

例　1980年12月26日生まれの人
1+9+8+0+1+2+2+6 ＝ 29
占いたい日は2023年12月15日なので15を足して44マスを数えると導かれる結果は 4.ワンドの4となる

ワンド（火）

6　ワンドの6

恋の場面でイニシアチブをとることができそう。自己肯定感が上がり、特別な喜びを感じられます。

7　ワンドの7

恋愛のモチベーションアップ！　積極的に動いて恋の主導権を握ると、望む結果に近づくはず。

8　ワンドの8

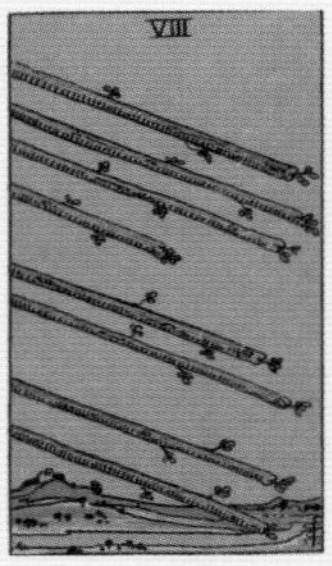

思いがけない速さで、恋が動き出していきそう。この勢いに乗って、積極的に動いていきましょう。

9　ワンドの9

どんな状況にでも対応できる能力が備わります。最適な言動を選択でき、恋も順調に進みそう。

10　ワンドの10

愛する気持ちや愛される気持ちがプレッシャーに。自分で決めたこととはいえ、手いっぱいに。

ペンタクル（地）

ペンタクルの6

よかれと思ってやったことが、相手の心に響きそう。親切心が恋愛へつながっていきそうな運気です。

ペンタクルの7

恋に問題や疑問を抱えているなら解消のチャンスが。雨降って地固まるように、絆を結べそう。

ペンタクルの8

理想の恋愛のために必要なことを進めたいとき。成果が表れやすく、モテ力も高まりそうな予感。

ペンタクルの9

周囲の支えによって、恋に進展が得られそう。応援してくれる人たちや相談してきた人に感謝を。

ペンタクルの10

恋愛スキルを身につけて、それを実践していきたいとき。どう発揮できるかで、未来が変わりそう。

ソード（風）

ソードの6

苦しい恋の状況から抜け出すための勇気が湧いてきそう。変化を受け入れる勇気を持って。

ソードの7

衝突しやすいとき。恋愛のトラブルを招かないように、裏で根回しするようなことも必要かも。

ソードの8

恋愛における孤独感と無力感を感じています。立ち直るために恋人や好きな人に助けを求めて。

ソードの9

恋に絶望感を抱きそう。でも、思っているよりも状況は悪くないはず。前を向く勇気を持って！

ソードの10

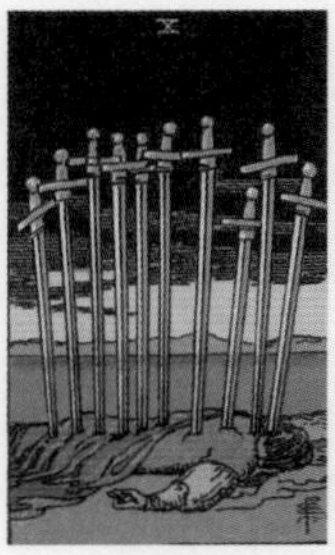

いいところも悪いところも、全部受け止めて前進するとき。次の恋愛へのステップを踏み出して。

カップ（水）

カップの6

かつての楽しかった恋を振り返るとき。それを学びに変えて、今に活かすヒントを見つけましょう。

カップの7

愛し愛されたいという欲求が強くなりそう。遠くの目標よりも、まずは一歩一歩を大切にして。

カップの8

新たな恋への旅立ちの予感。うまくいかないことがあっても大丈夫。気持ちを切り替え、次へ。

カップの9

達成感に満ちた状態です。手にした幸せを共有し、愛する人に感謝の心を伝えましょう。

カップの10

リラックスしたムードに包まれるとき。恋の場面でも楽しい会話や前向きな思いを共有して。

小アルカナで占う日々のテーマ

小アルカナはあなたが毎日気をつけるべきことや恋の心構えを伝えてくれています。

	1	2	3	4	5
ワンド（火）	 ワンドのエース 夢中になってキラキラしている人はとても魅力的。新しい恋はもちろん、新しい試みに挑戦を！	 ワンドの2 恋の手応えを感じられれば、未来を思い描けるようになります。自分を磨いて素敵に輝かせて。	 ワンドの3 アプローチの機会を伺っている段階です。あと一歩を踏み出せれば、恋の決心が固まるはず。	 ワンドの4 恋のしがらみから解放され、本当に欲しかったものに辿り着けそうです。幸福感を味わって！	 ワンドの5 恋の駆け引きはありますが、それすらも楽しめそう。自分の人生や愛への理想を見つけて。
ペンタクル（地）	 ペンタクルのエース あなたが動きさえすれば、望むものは手に入りそう。愛が欲しいのであれば自分から愛を注いで。	 ペンタクルの2 迷いが生じるかも。深く考えず、その場で一番正しいと思える行動をとると、恋も順調に進むはず。	 ペンタクルの3 自分自身も気づいていなかった恋愛の才能に光が当たるかも。自分の魅力はまずは自分で認めて。	 ペンタクルの4 慎重さがテーマの１日。ちょっとしたひと言が、恋人や好きな相手とのケンカの原因になるかも。	 ペンタクルの5 恋愛関係が悪化しているかも。救いを求めたくなりますが、今しばらくは耐える時間が続きそう。
ソード（風）	 ソードのエース 新たな恋愛にチャレンジしたいとき。自分から動けば自ずと成果は出るはず。迷わず行動を！	 ソードの2 現在抱える恋愛の問題に焦らず、冷静な心で対処できそう。悩みはきっといつか晴れるはず。	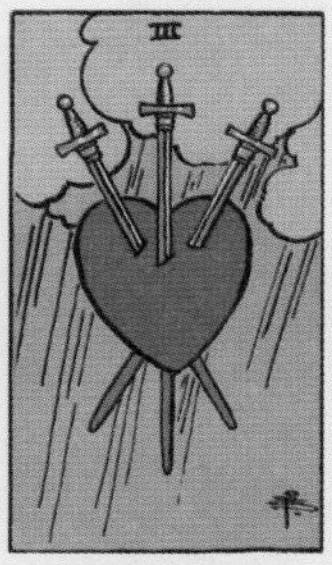 ソードの3 恋に失望や落胆を感じることになるかも。それでも、すぐに立ち直って前を向けるようになるはず。	 ソードの4 見逃していたことに向き合うチャンスです。今の恋愛における自分の立ち位置を再確認して。	 ソードの5 恋において手段を選ばないという覚悟が宿りそう。戦略的なアプローチで障害を排除しましょう。
カップ（水）	 カップのエース 愛に満ちた瞬間が次々と訪れる予感が。新たな恋の幸せな兆候も感じられ、希望にあふれそうです。	 カップの2 真摯な交際を深めるときです。パートナーとしての信頼関係を重視することで、愛情深い関係に。	 カップの3 好きな人との共同作業が成功をもたらす気配が。絆を大切にし、望む成果を手に入れて。	 カップの4 現状に不満を感じ、将来への展望が不透明になっています。恋の未来について話し合って。	 カップの5 失った恋に対する悲しみが心に残りやすいとき。過去は過去、未来は未来と切り替えましょう！

九星で占う

2024年の出会いと恋の行方

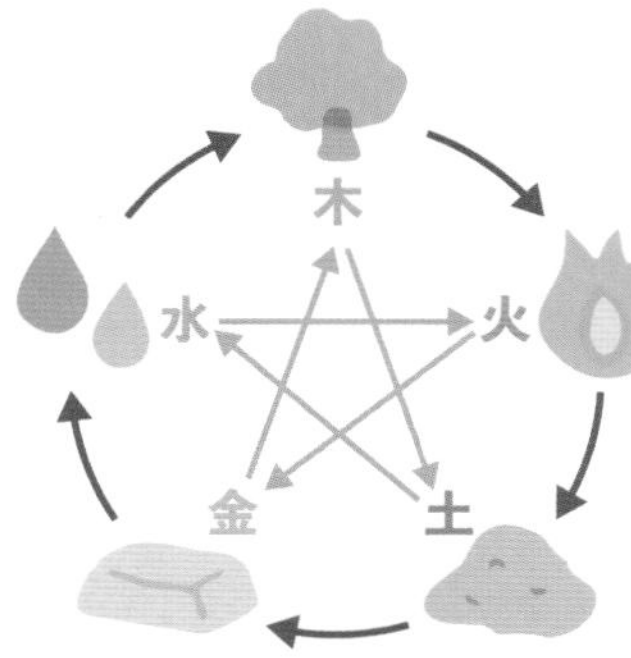

藤森 緑

1992年からプロ活動を開始し、2万人近くを鑑定。雑誌掲載、イベント出演、占い原稿執筆経験も多数。通信教育講座「キャリカレ」にて、タロット占いの講師を受け持っている。著書は20冊以上。主な著書は『実践タロット占い』『「日柱」と「時柱」の二柱で読み解く四柱推命』(共に説話社)ほか。

2024年に巡ってくる三碧木星は、芽吹く早春にあたる運気
新しい出会いやイメージチェンジなど、爽やかな風を感じる流れに

大自然のエネルギーを活かして運気を使いこなす

九星気学の「気」は、大自然に満ちるエネルギーを示します。気は9つに分かれて一定のサイクルで巡り、大自然の流れを作っている……という考え方が、九星気学の基本となっています。2024年に巡ってくる気は、三碧木星。月では春の卯月にあたり、まだ風は冷たいものの、地面から植物が芽吹いて伸び進んでいく季節です。

三碧木星のそうした星の働きを、恋愛としてひと言で表せば、「素敵な人と出会い、恋心が芽生える」状態です。誰もが心の奥で新鮮な恋の訪れを期待し、ワクワク感を募らせるのです。その期待感がフットワークを軽くし、実際に新鮮な恋をつかむチャンスが増えるでしょう。それは、決してフリーの人だけではありません。すでに恋愛中の人も同様に、新鮮な動きを求める様子。例えばイメージチェンジをしたり、未体験のデートプランを立てたりして、ふたりの間に早春の風を呼び込めるはずです。

そんな運気を上手に活かし、明るく楽しい恋をつかんでくださいね。

本命星	生まれ年						
一白水星《いっぱくすいせい》	1963	1972	1981	1990	1999	2008	2017
二黒土星《じこくどせい》	1962	1971	1980	1989	1998	2007	2016
三碧木星《さんぺきもくせい》	1961	1970	1979	1988	1997	2006	2015
四緑木星《しろくもくせい》	1960	1969	1978	1987	1996	2005	2014
五黄土星《ごおうどせい》	1959	1968	1977	1986	1995	2004	2013
六白金星《ろっぱくきんせい》	1958	1967	1976	1985	1994	2003	2012
七赤金星《しちせききんせい》	1957	1966	1975	1984	1993	2002	2011
八白土星《はっぱくどせい》	1956	1965	1974	1983	1992	2001	2010
九紫火星《きゅうしかせい》	1955	1964	1973	1982	1991	2000	2009

2つの表からあなたの本命星と年支を見つけましょう。それぞれ1月1日～2月3日生まれの人は、前年の生まれとして見てください。

年支	生まれ年					
子年		1960	1972	1984	1996	2008
丑年		1961	1973	1985	1997	2009
寅年		1962	1974	1986	1998	2010
卯年		1963	1975	1987	1999	2011
辰年		1964	1976	1988	2000	2012
巳年		1965	1977	1989	2001	2013
午年		1966	1978	1990	2002	2014
未年	1955	1967	1979	1991	2003	2015
申年	1956	1968	1980	1992	2004	2016
酉年	1957	1969	1981	1993	2005	2017
戌年	1958	1970	1982	1994	2006	
亥年	1959	1971	1983	1995	2007	

一白水星

新たなサイクルに入る年
ただし出会いのトラブルも

一白水星はこんな人

冬の「冷たい水」が象の一白水星。水は情の深さを表し、寂しがり屋で悩みやすく、親愛を求める甘えん坊の性格です。視野や交際範囲は狭く深いほうで、特に家族愛を大切にします。若い頃から苦労が多く、人一倍精神を鍛えられるという一面も。実力者など、これはと思う人とのつながりを強め、上手に社会を渡れるでしょう。

2024年に一白水星が巡るのは、「雷」の性質を持つ震宮《しんきゅう》です。震宮は太陽が昇る東に位置し、スタートや瞬発力という発展的な意味を持ちます。ですからこの1年間は、動きが大きい恋愛状況になるでしょう。ただし暗剣《あんけん》殺《さつ》が回っているため、順風満帆ではない点が困ったところ。暗剣殺は、暗闇の中で突然剣を突きつけられるような災いが起こりやすいことを表し、水面下でトラブルが進行しやすいのです。

新しい恋がはじまりやすい年ですが、その裏には何かないか、常に警戒心を持つことをお忘れなく。マッチングアプリやお見合いパーティーなどの出会いの場は避け、友人知人の紹介など、信頼できる人を選びましょう。片想いの人にも、次の恋が用意されています。新しい習い事をはじめるなど、環境を刷新することが出会いのカギです。

交際相手がいる人は、他の人に目移りする……なんて場面が。趣味やレジャーで刺激的な生活を送ることで、ふたりの関係が楽しいものになるでしょう。

CHECK

生まれ年の干支《えと》に注目!

子年の人

恋愛より、仕事や学問に意識が向く1年。そのうえに恋愛面でも動きがあるので、せわしない気持ちが続きそうです。相手の素性を知らないまま恋をするのは、トラブルのもとに。

卯年の人

常に気持ちが焦り、深く考えずに恋愛に飛び込み、あとあと苦労する心配があります。アプローチされたら即受け入れはせず、友人期間を設けて。朝活に取り組むと、運気上昇。

午年の人

年支も震宮にあるため、心と行動の矛盾がありません。ただし暗剣殺の影響を強く受けますから、常に落ち着いて行動を。新しい出会いを探すより、知人を恋人候補にすると吉。

酉年の人

勝ち誇りたいがために見栄を張ったり、高嶺の花を追ったりする傾向が。派手な言動が、相手を幻滅させる場面もありそう。ゆっくり時間をかけて、恋を育てる姿勢を持って。

2024年の恋はここに注目!

方　位：南、北東
時　間：11時～13時
場　所：大型家電量販店
注目月：5月、10月

二黒土星

社交的になれることで結婚のチャンスをつかむ年

二黒土星はこんな人

植物を育む「大地」が象の二黒土星。控えめで、母親のような包み込む温かさを持ち、周りの人に安心感を与えます。家族や目上に献身的で、自分が前に出るよりサポート役に適しています。特筆すべき点は、「勤勉さ」。ルーティンワークや家事など地道な作業も手を抜かずにコツコツこなし、時間をかけて成果を出すタイプです。

2024年に二黒土星が入るのは、「風」の性質を持つ巽宮《そんきゅう》です。巽宮は南東にあたり、南東は昇ったばかりの太陽が勢いよく通過する方位。最も高い発展性を持ちますから、恋愛運は大いに期待できるでしょう。

巽宮は「広く遠く」という発展的な意味のほかに、「結婚」の意味も持ちます。ですから特に幸福な結婚生活を望む人にとって、希望が叶う1年に。現在フリーなら、相性のよい人との出会いが期待できそう。社交性を発揮して大勢と交際する中で、自然に知り合うパターンが有力です。また、巽宮の「遠方」という意味から、旅行先での縁も期待できます。

片想い中の人は、相手との関係が良好であれば、すんなりと両想いになり結婚へ……という流れに。苦しい片想いの場合は、出会いに恵まれますから、それ以上の人が現れる可能性大です。

カップルは結婚する好機であり、お互いに心を開いて楽しく交際できるでしょう。ふたりであちこち旅をして、さらに絆が強まることも期待できます。

CHECK

生まれ年の干支《えと》に注目!

巳年の人

相手から尽くされて、愛し愛されることを実感できる好調運です。４つの年支の中で、最も結婚実現の可能性が高いでしょう。下手な小細工をせず、ストレートな愛情表現が吉。

寅年の人

流れがよくても、気力は出にくい1年に。自然とモテますが、目移りしてひとりに絞れなかったり、興味がない人に気のある素振りをしたりしがち。誠意を持つことが大切です。

亥年の人

恋愛体質が強まりますが、深刻になったり尽くしたりするのではなく、「楽しい恋」を求める傾向が。実際に結婚の流れがきても、「まだ遊びたい」と感じる可能性もあります。

申年の人

いつもより愛情深くなり、何よりも恋愛・結婚が最優先になる1年に。恋を通して家事能力を高めたり美容に力を入れたりと、自分磨きを頑張れます。かなり年上の人に縁あり。

2024年の恋はここに注目!

方位：南、南西、北、北東
時間：9時～11時
場所：自然公園
注目月：4月、9月

三碧木星

華やかな動きは少ない年 好調期に向けて自分磨きを

三碧木星はこんな人

激しくとどろく「雷」が象の三碧木星。雷のようににぎやかで活動的で、ジッとすることが苦手な人。いつでも驚くような新鮮な刺激を求めています。頭の回転が速く、最新情報を追うことが好きな人が多いでしょう。何かをはじめることは得意でも、飽きっぽくて根気に欠け、長続きが難しい一面も。そしてそれは、恋愛にも表れます。

星が中宮《ちゅうぐう》に入り、まさに三碧木星の年になる2024年。中宮の年は潜在的なパワーは高まりますが、周りを星に囲まれ、八方塞がりの年になるといわれています。例えば閉鎖的な気分に陥ったり、動きたくても周りに阻まれて動けなかったりしがちに。そうしたことから、積極的な活動は控えたほうがいい年だといえますが、決して恋愛に縁がないわけではないので、ご安心を。

フリーの人は、すでに近くにいる人に注目しましょう。意外と恋愛対象になる人が、複数見つかる可能性が。そして突然告白するより、自然な流れで親しくなることを考えて。好きな人がいる人は、頑固や強情になって険悪な雰囲気になりやすいので要注意。柔軟性を持ち、お互いの自由を尊重すると吉です。

2024年のキーワードは、「自分磨き」。ただモンモンと過ごすのではなく、来年に向けての下準備をすることが大切です。料理のレパートリーを増やしたり、ファッションセンスを磨いたりと、楽しく過ごしましょう。

CHECK

生まれ年の干支《えと》に注目!

辰年の人

7月までが活発運。ただし視野が狭く自分のことで頭がいっぱいになり、恋愛相手への思いやりに欠ける気配が。特に8月以降は運気も下がるので、与える気持ちを大切に。

丑年の人

7月まで活力に欠けて惰性で過ごしがちですが、8月以降はエネルギッシュに。ただし仕事や家事で多忙になるなど、恋愛に力を注ぎにくい模様。無理せずタイミングを待ちましょう。

戌年の人

気持ちが揺れ動きやすく、「このままでいいのか」という葛藤を抱えがちに。強引に動いてもよい結果は生まないため、冷静になりましょう。過去の恋人との復縁は実現しそう。

未年の人

落ち着いた精神状態で過ごせる1年。結婚まで進む恋愛がしたい……という気持ちが生じるため、相手選びには慎重になりそうです。動きは少なく、交際中の人は安定した状態に。

2024年の恋はここに注目!

方位：南西
時間：7時～9時
場所：生まれた土地
注目月：8月、10月

四緑木星

仕事に熱中しがちな年
恋にもエネルギーを注いで

四緑木星はこんな人

春爛漫の時季の「風」が象の四緑木星。「信用の星」ともいわれるように、優しく誠実で、人付き合いが好きな社交家です。常に空気を読み上手に合わせるため、敵をつくらず誰からも好かれるでしょう。ただし決断力には欠け、何かの選択では迷いがちに。押しの強い相手に流されるなど、主体性のなさが悪く出る場合もあります。

２０２４年に四緑木星が入るのは、「天」の性質を持つ乾宮《けんきゅう》です。乾宮は北西にあたり、中宮で蓄えたエネルギーを発揮できる位置。主に、仕事運と目上運がよいとされています。本来は勢いのある宮ですが、困ったことに今年は歳破《さいは》という剋気《こっき》が巡っています。歳破のときは人に迷惑をかけられたり、理想の達成が難しかったりしがちに。恋愛においても、慎重さが必要な年になります。

フリーの人は、仕事を通して恋愛の縁ができそうです。相手は上司など目上の人かもしれません。ただし強気で押されて仕方なく付き合ったり、三角関係に巻き込まれたりする……なんて心配も。恋心がなければ、毅然とした態度をとりましょう。好きな人がいる人は、恋愛より仕事や自己啓発に強い関心を示しがちに。結果的にあなた自身が輝くため、それが大きなマイナスになることはないはずです。しかし相手を寂しがらせたり、気がつけばふたりの距離が開いていたり……という可能性もあるので、気をつけて。

CHECK

生まれ年の干支《えと》に注目！

卯年の人

日々忙しく動き回っていても、精神面は無気力になりがちに。隙がある状態ですから、遊び半分や腹黒さのある人の接近にご注意ください。職場恋愛は、公表するのは控えて。

子年の人

年支も乾宮に入り、心と行動に矛盾のない1年に。恋愛より社会活動に熱心になり、エネルギーを費やす傾向があります。恋と無縁にならないよう、公私のバランスをとって。

酉年の人

「注目されたい」という名誉欲が湧き出る年のため、仕事に熱中して恋愛面は疎かになりがちに。恋をするにも、相手の外見や肩書きで選ぶ傾向が。内面を見るように心がけて。

午年の人

忙しいうえに「恋をしたい」という焦りが強まり、軽はずみな行動に走る心配があります。定期的に連絡をとるなど、ゆっくり恋を進める姿勢を大切に。フリーなら同世代の人と縁が。

2024年の恋はここに注目！

方位：南西
時間：23時～1時
場所：ライブ会場
注目月：1月、2月

五黄土星

人生のモテ期到来！目立つ行動を心がけて

五黄土星はこんな人

九星の中で最もパワフルで、「帝王の星」と呼ばれる五黄土星。器が大きくて自尊心が強く、大勢にメリットを与えて頂点に立つ人もいれば、暴力的な言動で周りを破壊する人もいる……という、両極端な運勢を持ちます。自我も強くて人に使われることを好まない、独立タイプ。しかし内面は温和で、目下を大事にする人情も備えます。

2024年に五黄土星が入るのは、「沢」の性質を持つ兌宮《だきゅう》です。太陽が沈む西に位置する兌宮は、人生の実りを表す宮。喜びや楽しさ、金銭のほかに、恋愛運や結婚運も司ります。ですからこの1年間は、大いに期待できる恋愛運になりそうです。

人生のモテ期といえるため、特にフリーの人と片想い中の人は、積極的に頑張る好機。目立つほど恋愛の縁が生まれて愛されますから、普段から華やかなファッションを意識して外出を。黄色やオレンジ色のビタミンカラーがおすすめです。すでにパートナーがいる人は、さまざまなデートコースを考え、テンションが上がりそうです。兌宮は「飲食の星」でもあるので、ふたりでレストランやカフェ巡りを楽しむのもいいですね。ただし恋愛体質になっている分、ふたりの関係がマンネリ気味なら、ほかの人に目を奪われる……なんて可能性もあります。少しなら問題ありませんが、羽目の外しすぎは翌年以降に悪影響を及ぼすので、ほどほどに。

CHECK

生まれ年の干支《えと》に注目！

巳年の人

常に素直でいられるため、相手に安心感を与えそうです。結婚願望が強まり、たとえ軽いノリの恋でも結婚を意識するでしょう。尽くすより友達感覚で接することが成功のカギ。

寅年の人

せっかくのモテ期でも無気力で、惰性で恋愛に向き合いがち。その場限りの恋に流されやすいので、お酒の席では慎重に。本命がいる人は、浮気で関係が気まずくなる心配アリ。

亥年の人

年支もそろって兌宮に入り、心身共に恋愛に積極的なとき。全力で好きな人に向かい、充実感あふれる恋が実現しそうです。ただし生活が派手になり、散財しやすい点は要注意。

申年の人

精神面でも恋愛気質が強まり、寝ても冷めても恋で頭がいっぱい……なんて状態に。相手にベッタリしすぎは、重く思われやすいのでご注意を。フリーは年上の人に注目すると吉。

2024年の恋はここに注目！

方位：南東、南、南西、北、北東
時間：21時〜23時
場所：話題のカフェ
注目月：4月、6月

六白金星

新たな流れが生まれる年
復縁が実現する予感も

六白金星はこんな人

　すべてのものを覆う「天」が象の六白金星。自尊心が強く大物感と凜とした雰囲気を持ち、簡単には人に弱みを見せません。多忙を好み、いつもせわしなく動き回っている点も特徴です。人に使われることを好まず、独立し社長として君臨する人も多いでしょう。人を切るようなズバッとした言動で、敵を作りやすい点には要注意です。

　２０２４年に六白金星が入るのは、「山」の性質を持つ艮宮《ごんきゅう》です。実りの兌宮で十分に楽しんでから巡る位置であり、変化や革命の宮とされています。今までの生き方に疑問や不満を感じて迷いが増える年となり、恋愛面においても、よくも悪くも新たな流れが生まれるでしょう。

　フリーの人は純粋な愛情が芽生えにくく、本命を決めるのが難しい年です。ただし流れが変わるため、恋愛と無縁だった人にはいくつかの出会いが生じる可能性が。無理にひとりに絞らず、自然の流れに任せると吉です。復縁希望の人は、相手と偶然再会するなどして、実現する可能性があります。

　片想い中の人は、恋愛観が変わって今の恋に疑問を感じるかもしれません。どちらにしてもジタバタせず、推移を見守っていてください。パートナーがいる人も、相手との関係に変化が生じそう。「相手に、こう接さなければいけない」という義務感を捨て、流れに沿って臨機応変に対応するように心がけましょう。

CHECK

生まれ年の干支《えと》に注目！

辰年の人

７月まで活発な運気で、８月以降は停滞感を覚えがちに。ワガママな気持ちが強まり、相手を思い通りに動かそうとして、エネルギーを吸い取る傾向が。与える姿勢を忘れずに。

丑年の人

７月までは冴えない運気で、恋への意欲を持ちにくい様子。８月からは好転し、うれしい場面が増えるでしょう。ただし頑固さで相手と衝突することも。共通の話題を増やすと吉。

戌年の人

年支も艮宮に入り、心も行動も一致して矛盾がありません。訪れる変化にも動揺することなく、心穏やかに過ごせるはずです。好きな人のサポートが成功し、仲良く過ごせます。

未年の人

年支が艮宮と対冲《たいちゅう》し、心身のバランスがとりにくいようです。特に慎重になりすぎて、身動きがとれない傾向が。好きな人に献身的に尽くすことで、安定した交際になります。

2024年の恋はここに注目！

方位：南東、南、北
時間：19時～21時
場所：ファッションビル
注目月：5月、9月

七赤金星

ドラマチックな場面が実現
ただし背伸びをする傾向も

七赤金星はこんな人

水が集まる沢を象徴し、「喜びの星」と呼ばれる七赤金星。明るさと華やかさがあり、人を楽しい雰囲気に巻き込む力を持ちます。仕事や家事に埋没するような地道な生き方を嫌い、趣味や遊びを通して人生を豊かにしていく傾向が。恋愛も謳歌するでしょう。ただし享楽的になると派手に散財し、のちに苦労することになりかねません。

七赤金星が2024年に入るのは、「火」の性質を持つ離宮《りきゅう》です。離宮は太陽が頂点となる南に位置することから、名誉や美しさ、頭脳明晰さなどの意味を持ちます。同時に、外面は強く華やかに見えても内面には弱さを抱え、その性質が恋愛運にも影響を与えます。

フリーの人は、心ときめくシーンが期待できます。それは、あなた自身が美しく輝けるため。できるだけ洗練されたファッションに身を包んでみてください。理想に近いタイプから、気にかけてもらえるでしょう。すでに好きな人がいる人も、相手を魅了できる年です。献身的に尽くすより、女王様のようにワガママを言ったり、モテる自分を見せつけたりしたほうが、愛される予感があります。

ただし気をつけたいのは、あくまでも「表面的」の意味が強い年だということ。背伸びをして表向きはチヤホヤされても、自宅ではダラッとするなど内面はあまりよくありません。真の愛情を重視することも忘れないこと。

CHECK

生まれ年の干支《えと》に注目!

子年の人

名誉運が強い年でもあり、恋より社会活動に関心が向きがちです。バリバリ頑張るあなたは美しくてモテますが、恋愛に回すエネルギーが欠ける傾向も。バランスを大切に。

卯年の人

気力に欠けて、積極的に動きにくいようです。特に地道な努力が面倒になり、見栄を張るばかりになる心配も。恋のライバル争いにもご注意ください。赤がラッキーカラーです。

午年の人

恋への期待感が強く、積極的にアクションを起こせる1年に。ただし焦って後先を考えずに動き、失敗する気配も濃厚。スピーディーな展開を求めるのは避け、相手を観察して。

酉年の人

年支も離宮に入り、心と体が一体化して自己矛盾がありません。恋愛にドラマのような華やかさを求め、その分自分を磨いて輝かせられるでしょう。散財にはご注意ください。

2024年の恋はここに注目!

方位：南東、北東
時間：17時～19時
場所：イベント会場
注目月：4月、8月

八白土星

恋愛体質がグッと強まり 深い愛情を味わえる年

八白土星はこんな人

土が高く積み上がった「山」が象の八白土星。どっしり落ち着いた雰囲気で、何事も堅実に進む姿勢があります。よく働きますが、根底にある「経済的に豊かになりたい」という欲望がその理由。精神的充実感より、物質的豊かさを重視する傾向があるのです。意志を貫く力は素晴らしいものの、頑固さや短気さで台無しにすることも。

2024年に八白土星が入るのは、「水」の性質を持つ坎宮《かんきゅう》です。寒い北に位置する坎宮は、悩みや苦労が多いとされ、もともと活動的な宮ではありません。しかし2024年は、水局三合《すいきょくさんごう》という吉意の強い2本の線の中心にあり、幸運度が高く最も忙しい星となっています。坎宮には健康運や目下運のほか、色情を含んだ恋愛運、交際運という意味もあります。ですから、幸福感を味わえる恋愛ができる1年になると判断できるでしょう。

恋愛体質がグッと強まるため、フリーの人でも深い恋に落ちる可能性があります。同情が愛情に変わるなど、強く心が動くことから恋がはじまる予感が。それが最終的に結婚につながるかどうかは、翌年2025年に見えてくるでしょう。

片想い中の人はさらに愛情が深まり、苦しくなるかもしれません。趣味など好きな世界をつくり、気持ちを分散させることがおすすめです。カップルは、強い一体感を味わえる年です。若い夫婦であれば、子宝に恵まれる可能性大です。

CHECK

生まれ年の干支《えと》に注目！

巳年の人

朗らかな気持ちで過ごせ、社交性を発揮できる1年に。大らかな人柄が人気を呼び、それが紹介や片想いの成就につながるでしょう。複数の恋が同時に進む可能性もあります。

寅年の人

坎宮のマイナス面が出やすく、些細なことで悲しみを感じがちな年。遊びの恋に溺れる心配もあるので、簡単に流されないことが大切です。ダイエットなど自分磨きがプラスに。

亥年の人

遊び心いっぱいで、ワクワクする恋愛が次々と訪れる可能性があります。観光地やカフェなど遊びの場で、気の合う人に出会えるでしょう。ただし、結婚には進みにくい傾向が。

申年の人

年支も坎宮に入り、恋愛色の強い年になります。アンニュイな雰囲気が色気となり、多くの人にモテるでしょう。中には遊び目当ての人もいるので、誠実な人を選んでください。

2024年の恋はここに注目！

方位：南東、南西、北東
時間：15時～17時
場所：居酒屋
注目月：3月、7月

九紫火星

底を抜けて上昇運に入る年
落ち着きある穏やかな恋に

九紫火星はこんな人

明るく激しく燃え上がる「火」が象の九紫火星。勉強熱心で頭脳明晰で、専門的な知識や技術を習得している人が多いでしょう。言動は明るくはっきりしていますが、感情の起伏は激しい様子。特にプライドを傷つけられると、怒り心頭に発しそうです。名誉や美しさなど外面的な部分を重んじ、人情的な内面の部分は軽視する傾向も。

九紫火星が2024年に入るのは、「地」の性質を持つ坤宮《こんきゅう》です。坤宮は、午後の傾いた太陽が通る南西に位置し、母親のような温かさと勤勉さ、真面目さを持っています。そして前年の坎宮という冷たい底を抜け、上昇運に転じる年でもあります。坤宮は家庭運や結婚運も司るため、落ち着きのある穏やかな恋愛が期待できる年になるでしょう。

動きが緩やかな分、既にパートナーがいる人にとっては幸運です。日常生活を通して信頼感が深まり、自然と結婚を意識する……という流れに。同棲をはじめる場合もあるかもしれません。ただし片想い中の人は、動きのないモードがマイナスに出がちです。相手への想いを断ち切れず、かといって前進もできず、モンモンとしやすい状況に。安定しすぎないよう、生活の中に習い事などの変化を取り入れることがおすすめです。フリーなら新しい出会いを求めるより、すでに知っている人に注目を。同窓会を通して、懐かしい人たちに会うのもいいでしょう。

CHECK

生まれ年の干支《えと》に注目！

辰年の人

7月までの運勢が活気づいて元気なため、早めの行動が大切です。いいなと思う人には穏やかに声をかけ続け、友達関係に持ち込んで。8月以降は、相手の動きに合わせると吉です。

丑年の人

7月までは気持ちが沈んで動きにくいものの、8月以降に活力が出てきます。趣味や仕事で輝くことで、恋をつかめる予感が。メールやSNSを駆使しての進展が望めるでしょう。

戌年の人

年支が坤宮の対冲にあり、気持ちが状況についていきにくい年に。情熱的な恋をしたいと熱望しても、動きのなさにジレンマを感じそうです。スポーツでパワーの発散を。

未年の人

年支の未も坤宮に入り、まったり感の強い1年に。現状維持に執着し、進展が面倒だと感じる傾向が。周りの人たちから手助けされますから、フリーなら紹介を頼むといいでしょう。

2024年の恋はここに注目！

方位：南東、北
時間：13時～15時
場所：大型スーパー
注目月：6月、11月

姓名判断で見る
恋のピンチとチャンスの引き寄せ

**姓名の字の画数から生まれ持った運気を占う姓名判断。姓名判断の中でも
イヴルルド遙華先生オリジナル解釈の「姓名チャクラ」で
2024年の恋のピンチと、チャンスを引き寄せる方法を見ていきましょう。**

イヴルルド遙華

前向きなアドバイスで絶大な支持を得る、今話題のフォーチュンアドバイザー。人生の流れを24の節目で区切る「フォーチュンサイクル」をはじめ、幅広い占いを独学で研究する。最新刊に『「水星逆行」占い「運命の落とし穴」が幸運に変わる！』(青春出版社)。

ダウンロード特典

2024年のあなたを守る！

「守護漢字」

2024年のあなたを守り、恋愛の勝負運を高めてくれる「守護漢字」5つ。待ち受けや、SNSのアイコンにする、勝負の前に見て気合いを入れるなど、デジタルお守りとして使ってくださいね。

2年続いた独立運の集大成！
チャンスは動いた人に訪れる

2024年、つまり令和六年は画数を調べると23画。この画数は「独立運」であり、ウルトラ大吉の画数。一代で財を築き上げるような、立身出世の画数です。ちなみに2023年、令和五年も23画。ここ2年の間に独立や起業にチャレンジした方も多くいらっしゃったはず。環境の変化も起こりやすい年であり、結婚・離婚など自らの意志で行動し、生活スタイルを大きく変えた人も多かったのではないでしょうか。

23画は「天下取りの画数」とも呼ばれています。ただし、どんなに有力な戦国大名であっても、天下を取るには自分から行動し、多くのライバルを蹴落とさなければなりません。2024年の恋愛運も同じ。自分から「求めて、動いてなんぼ」です。躍進の2024年の支えになってくれるあなたの姓名チャクラを知って、恋の天下統一を引き寄せてくださいね。

2024年のあなたを守る!!
「守護漢字」

5つの守護漢字で天下人のご利益にあやかる

２０２４年は画数で見ると「天下取り」の気運が高まる1年です。そこで日本史上の天下人の中でも、特に勢いと勝負強さを感じさせる豊臣秀吉にまつわる漢字を5つセレクトしました。

「昇」の字は低い身分から関白にまで昇り詰めた実績から。

「閤」の字は太閤として政治的実権を握り続けたことから。

「天」の字は天下統一を象徴する漢字。

「豊」は豊臣秀吉の姓名から。

「聚」の字は、そんな豊臣秀吉が現在の京都市上京区に建てた本邸・聚楽第から。

秀吉を象徴するこの5つの漢字は、ご利益はもちろん、「ここぞ!」というときの勝負強さを引き出してくれるあなたのお守りのような漢字になるはず。ぜひ使ってくださいね。

また、緊張する場面では、この漢字を空中に指で書いて、あなたを守ってくれるイメージを持つと、天下人のご加護が得られるはず。

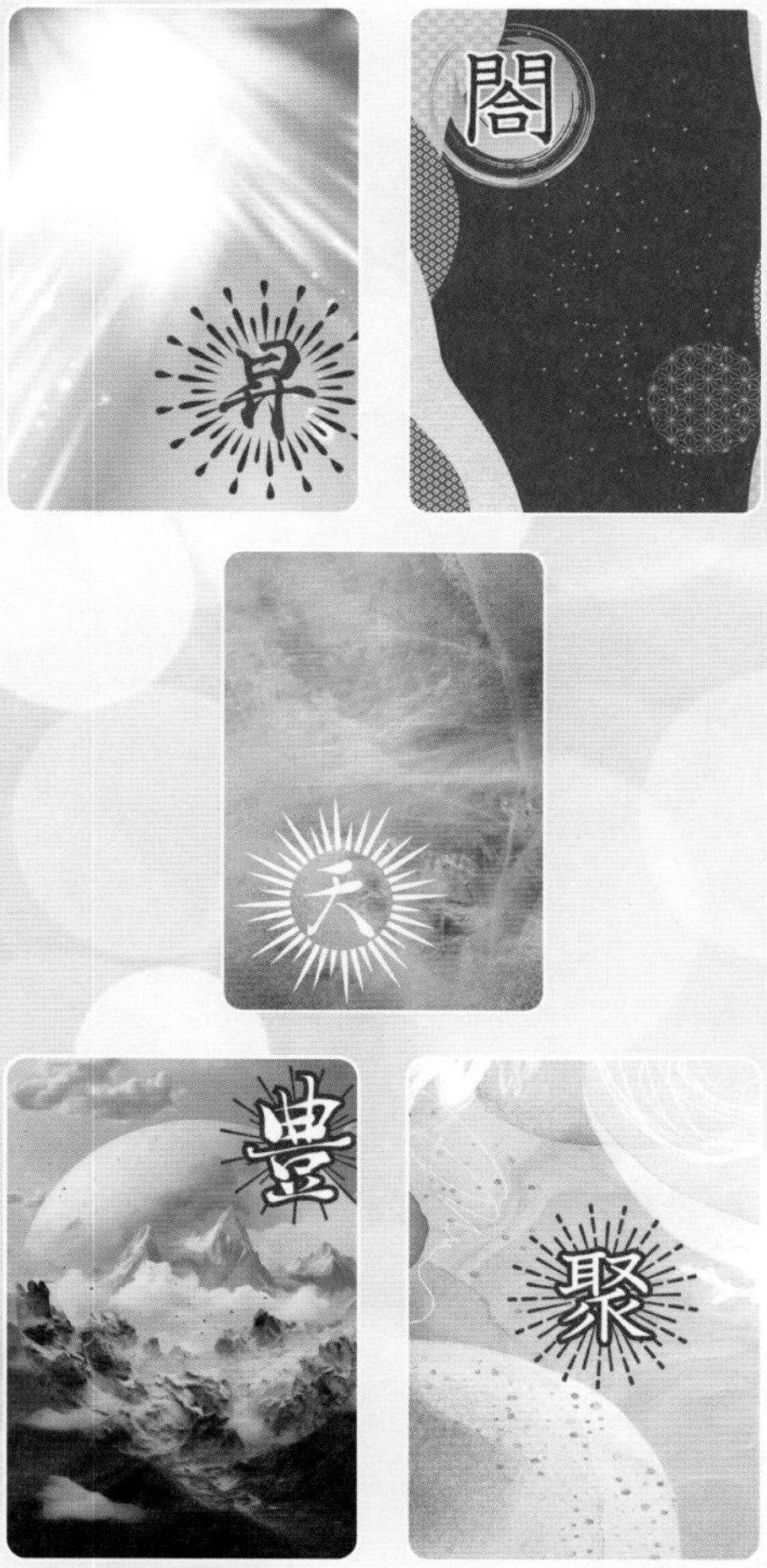

姓名チャクラの出し方

STEP 1 姓名の画数を調べます。

STEP 2 それらをすべて足します。

STEP 3 足した数字の1桁目があなたの姓名チャクラです。1桁目が0の場合は0になります。

例

宝島 花子さんの場合

「宝」は8画、「島」は10画、
「花」は7画、「子」は3画です。
8+10+7+3=28
姓名チャクラは「8」になります。

姓名チャクラが1の人

どっしりとした安定感で問題を解決

姓名チャクラが1の人は、安定感にあふれており、どっしりと地に足の着いた性質を持っています。
責任感が強く忍耐力に優れ、トラブルに対しても真摯に立ち向かうことのできる
根気強さも兼ね備えています。

2024年に起こりそうな恋のピンチ

姓名チャクラ1のタイプの人に起こりそうな恋のピンチは、「好きな相手に誤解される」です。ずっと想いを寄せているにもかかわらず、むしろ遠ざけられたり、距離を置かれてしまうなんてことも。本来まっすぐに気持ちを伝えられるタイプではあるのですが、言葉で示そうとすると空回りしがちな部分があり、うまく想いが伝わりません。結果として、かえって相手が離れていったり、敵対意識を持たれるなんてこともあるかも。

ピンチをはねのけチャンスを引き寄せるには!?

「好き」という感情を伝えるときに、姓名チャクラ1の人は、言葉よりも行動や雰囲気で伝えることが大切です。あなたの想いは、言葉を使わなくても伝わるもののはず。日常のちょっとした場面での気遣いであったり、何気ない動作が、徐々に相手の心をつかんでいくきっかけになります。行動で示していくうちに、相手の心が惹きつけられ、結果的には向こうから告白をしてくれる……なんてこともあるかもしれませんよ。

姓名チャクラが2の人

表情がコロコロ変わり見ていて飽きない

豊かな想像力と感受性を持つ姓名チャクラ2の人。人情に厚く、「自分がどう感じるか」
「相手がどう思うか」を行動の指針としています。喜怒哀楽がわかりやすく表情に出やすいため、
自然と人気運も高まりやすいタイプです。

2024年に起こりそうな恋のピンチ

感情の変化が激しいため、意中の相手やパートナーと衝突しやすい運気にあるかもしれません。ちょっとしたことが気に障り、表情の曇りを指摘されてそこから口論になってしまうようなことも。また、不満に思う部分をなかなか言い出せず、溜め込んでしまった結果、ある日大爆発してしまい、大ゲンカになってしまうケースも2024年には起こりやすいと言えるでしょう。

ピンチをはねのけチャンスを引き寄せるには!?

自分の感情を、表情だけでなく言葉で伝えることを意識して。うれしいことだけではなく、「何が嫌だった」「どう嫌だった」「次からはこうしてほしい」を伝えられると、争いの芽は事前に摘めるはず。そして、相手やパートナーからも同じように不満や文句を引き出すことが重要です。自分が不満に感じるということは、相手も何か思うところがあるはず。健全なコミュニケーションを意識すると、さらに絆が深まるきっかけになるでしょう。

姓名チャクラが3の人

やると決めたらとことんまでやり抜く

姓名チャクラが3の人は、自立心が強く、何事にも目的意識を持って取り組むことのできる人が多いのが特徴です。一度やると決めたことには、どこまでも努力を惜しまない意志の強さを持っています。

2024年に起こりそうな恋のピンチ

2024年の姓名チャクラ3のタイプの人は、束縛したり、されたりな運気にあるかもしれません。パートナーがいる人は相手の言葉が信じられなくなり、帰りが遅いとついキツく問い詰めてしまったり、シングルの人はせっかくいい雰囲気になれても、少し過干渉な側面が垣間見え、重く感じてしまったり。感情のコントロールが利かずにお互いに気持ちが不安定になってしまい、不本意な探り合いが起こるかもしれません。

ピンチをはねのけチャンスを引き寄せるには!?

そんなピンチをはねのけるには、自己肯定感を高めることが大切です。不安に感じてしまうのは、自分に自信がなかったり、パートナーや気になる相手とのこれから先の関係に不安があるから。気持ちが落ち込みそうになったり、思ってもいないことを言いそうになったら、鏡の前で笑顔を10秒キープしてみましょう。笑顔は姓名チャクラ3の人のガソリンになってくれるもの。あなた自身の魅力も高まるため、恋のチャンスもさらに引き寄せられます。

姓名チャクラが4の人

寛大で広い心を持つ愛情あふれる母のような存在

非常に懐が深く、包容力に満ちあふれているのが、姓名チャクラが4の人。争いを好まず、どんなことでも受け入れてくれるような寛大さを感じさせるでしょう。また、恋愛そのものが好きな、恋多きタイプでもあります。

2024年に起こりそうな恋のピンチ

どんな人でも受け入れる広い心から、思いもよらない人に勘違いされてしまうなんてことが起こるかも。思わせぶりな態度をとったつもりはないのに、しつこくつきまとわれたり、依存されてしまう可能性もあるでしょう。それによって本来得られるはずの恋のチャンスを逃してしまったり、人間関係のトラブルに発展する事態に広がることも。また、自分自身が誰かに依存傾向になっていないかにも注意が必要です。

ピンチをはねのけチャンスを引き寄せるには!?

ピンチをはねのけるために必要なのは、自分自身にもきちんと愛情を向けること。他人を思いやる気持ちが強すぎるがために、ついつい自分の気持ちをあと回しにしがちな傾向がある姓名チャクラ4の人。感情を抑え込まずに、本当は自分は何がしたいのか、どうありたいのかを考えてみて。嫌いな人には嫌いとハッキリ伝えるのも、ときには優しさでもあります。好きという感情も我慢せずに伝えることで、健全な愛情を育めるはずですよ。

姓名チャクラが5の人

言葉巧みにコミュニケーションを重ねる

コミュニケーションが運気を大きく左右する姓名チャクラ5の人。
自分の気持ちや意見を素直に表現することに優れています。誰に対しても言葉を上手に扱い、
強固な信頼関係を築くことを得意としています。

2024年に起こりそうな恋のピンチ

好きな気持ちが大きくなりすぎたときに、本心とは異なる行動をとってしまいがちな2024年。それによって思わぬ誤解を招いてしまったり、疑心暗鬼に陥って、悪循環を招いてしまう可能性もあるでしょう。パートナーがいる人にとっても、いつでも心をオープンにしていたいと願っているのに、不安な気持ちばかりが膨らんで、自分の気持ちを偽ってしまうようなこともあるかも。それにより、望まない衝突が起こることもあるでしょう。

ピンチをはねのけチャンスを引き寄せるには!?

その行動の根底には、「もし嫌われていたらどうしよう」という恐れの感情があるようです。不安に悪影響を受けないためには、常に自分自身に対して誠実であろうと心がけること。マイナスの感情も素直に伝えるようにしましょう。そこに怯えて怖がっていても事態は解決しません。本当の意味で素直になることで、相手やパートナーもあなたの本音を理解し、態度を改めるきっかけになるかも。それによってより安定した恋愛関係を築けるはずですよ。

姓名チャクラが6の人

直感を最重要視、独自の視点を持つ感覚派

深く考えるよりも直感を大切にしている感覚派の姓名チャクラ6タイプの人。
物事を俯瞰してとらえることに長けています。人間関係においても、精神的なつながりやご縁、
タイミングを重視する傾向にあるでしょう。

2024年に起こりそうな恋のピンチ

直感力に優れるため、何か嫌な予感がしたり気配を感じたら、それが当たってしまうのが姓名チャクラ6の人。2024年は想いを寄せていた相手が、実は二股をかけていたり、パートナーの浮気に気づいてしまうなんてことも。また、相手の嘘も見抜いてしまうため、そこを追及した結果、言い争いに発展し、関係が決裂してしまうピンチも起こり得るでしょう。本当はそうしたくないのに、相手から別れを切り出されることもあるかもしれません。

ピンチをはねのけチャンスを引き寄せるには!?

意識して目を背けたとしても、どうしても物事の本質が見えてしまう部分はあるので、それでは根本的な解決には至りません。どこまでを許すことができて、どこからはアウトなのか、線引きを自分の中でするのも手。直感的にどうしてもダメだと感じる場合は、切り替えて次に進むこともおすすめです。もし別れを選択したとしても、次の出会いもすぐに訪れそう。思い切りのよさが新しいチャンスを引き寄せてくれるはず。

姓名チャクラが7の人

精神的にも余裕がある信頼を得やすい頼れる存在

穏やかな性格の持ち主の姓名チャクラ7タイプ。精神的にも安定感があり、
他人を思いやって接することができ、多くの信頼を集めることができるでしょう。
愛情深く、運命的なことやロマンチックなことを好む傾向も。

2024年に起こりそうな恋のピンチ

精神的なつながりや空気感を大切にする傾向が強いため、2024年はパートナーとのコミュニケーション不足には要注意。一緒に過ごす時間が減ってしまうと、孤独感にさいなまれ、寂しさが募ってしまうかもしれません。周囲とのつながりを感じられなくなり、世界中に誰も味方がいないように思えてしまうかも。好きな相手にも、構ってほしい気持ちが高まり、重たい相手と思われてしまう可能性もあるでしょう。

ピンチをはねのけチャンスを引き寄せるには!?

孤独感を癒やし、本来の自分を取り戻すには、ひとりの時間を充実させることからはじめてみましょう。読書は今期、特におすすめ。哲学や心理学など、心の深い部分に触れるジャンルで自分なりの答えを見つけてみるのもいいかもしれません。自分の時間を大切にすることは、自分自身を大切にすることと心得て。また、新しい趣味をはじめてみるのも◎。趣味を通じて、これまでなかった交流が生まれ、素敵な出会いの可能性も広がるかもしれません。

姓名チャクラが8の人

自分次第でどこまでも成長し続ける伸びしろ

無限の可能性が広がる姓名チャクラ8タイプ。あなたの頑張り次第では、
どこまでも成長することができるはず。クリエイティビティにも富んでおり、
新しいアイデアや新しい方法を追い求める姿勢も特徴的です。

2024年に起こりそうな恋のピンチ

2024年は、好きな人やパートナーがほかの人と親しくしていたり、モヤモヤするような出来事が数多く起こるかもしれません。また、相手からこちらの浮気や不貞を疑われるようなこともあるかも。嫉妬心や不安に心が埋め尽くされ、言ってはいけないような言葉をつい口走ってしまうリスクもあるでしょう。もういっそ無関心でいたほうが楽だと、双方が関係を放り出してしまうピンチを迎えるかもしれません。

ピンチをはねのけチャンスを引き寄せるには!?

苦しい状況に陥ったときは、相手との思い出を振り返って。楽しかった出来事や、築き上げてきた関係性、これから先一緒にやっていきたいことなど、前向きなことを思い浮かべてみてください。たとえ今がうまくいっていなかったとしても、ふたりの間にはたしかな絆があることが再認識できるはず。精神的なつながりは、ちょっとのことで切れるものではありません。その糸を手繰り寄せることで、関係改善のチャンスを引き寄せることができるはず。

姓名チャクラが9の人

精神的に成熟し「豊かさ」を追求するタイプ

姓名チャクラ9の人は、精神的に成熟した性格の持ち主。周囲から変わり者と評されることもあるかもしれませんが、それは常に頭をフル回転させているから。また、身体と心の状態がリンクしやすい性質も持っています。

2024年に起こりそうな恋のピンチ

どんな人にも分け隔てなく接する姓名チャクラ9タイプ。無条件の愛を与えることができる反面、多くの人と接する中で、少し疲れてしまうようなことがあるかもしれません。結果として、自分の恋愛どころではなくなってしまい、せっかくの出会いや良縁も遠ざけてしまう結果に。また、せっかくあなたを好きになってくれる人物が現れても、あなたの平等な愛の前に特別感を得ることができず、距離を置かれてしまうかもしれません。

ピンチをはねのけチャンスを引き寄せるには!?

まず意識したいのは、見返りを求めない無条件の愛情を、自分自身に対しても向けること。誰かを幸せにしたり、愛を注ぐためには、自分自身も愛で満たされた状態になることが大切です。また、特別な関係について考えることもカギになるでしょう。まずは誰と・どのように愛する関係を築いていきたいかを考えることからはじめてみましょう。そこが確立されることで人間としての魅力もアップし、モテ運がさらに上昇するはずです。

姓名チャクラが0の人

感受性が高く繊細な心を持つ人物

姓名チャクラ0の人は感受性が高く、言葉を大切にするタイプ。言葉で愛情を伝え、同じように返してもらうことに喜びを感じます。よくも悪くも影響を受けやすいので、人とのつながりが運気を大きく左右します。

2024年に起こりそうな恋のピンチ

言葉を大切にしている分、何気ないひと言に大きく傷ついてしまう可能性もあるでしょう。相手はそんなつもりでなかったとしても、昔の傷口をえぐられるような思いをしたり、トラウマを刺激されたりして、恋愛自体を楽しめなくなってしまうかもしれません。恋に後ろ向きになった結果、恋愛運自体も大幅にダウンすることにもつながりかねません。結果として、別れや離婚を切り出されてしまう可能性もあるでしょう。

ピンチをはねのけチャンスを引き寄せるには!?

恋愛に前向きに取り組み、チャンスを得るために「愛を言葉にする」ことを意識してみましょう。言葉を重要視するあなただからこそ、手に入れたいものを明確に言葉にしてアウトプットしてみて。恥ずかしがらず発信することで、積極性も芽生えて前向きさを取り戻すことができるはず。あなたが愛を語っていると、自然と周囲にも同じ考えを持つ人が集まってきます。そこから新しい恋がスタートするチャンスも、引き寄せることができるはずです。

恋をさらに引き寄せる!!
2024年版「SNS改名」

欲しい運気は名前を変えてつかみにいくもの!

姓名に含まれている画数は、恋愛運や結婚運、ひいては人生そのものに大きな影響を与えます。ただ、だからといって、名前は気軽に変えられるものではありません。そんなときにおすすめしたいのが、「SNS改名」。SNSのユーザー名や、日ごろ使っているメッセージアプリの登録名など、外の世界に向けたあなたの名前を変えることも、運気を動かす有効な手段なのです。

かつては織田信長、豊臣秀吉、徳川家康をはじめとする数多くの戦国武将も、成長の過程や節目ごとに名前を何度も変えていました。目的やシチュエーションに応じていろいろな顔や名前を使い分けることで、そのときに必要な運気を自ら引き寄せていきましょう!

また、今回扱う画数はSNSでの姓名のすべての画数を足したものを参考にしてください。

恋を成就させたい!

LUCKY総画数……7、17画

7、17画はいずれも「カリスマ大吉」と呼ばれ、相手を夢中にさせ、惹きつけてやまない存在になれる画数です。スーパースターのような輝きを放つため、意中の相手もあなたから目が離せなくなるはず。特に17画は周囲の人物を巻き込んで成就に進んでいける画数です。

出会いが欲しい!

LUCKY総画数……13画

出会いが欲しいあなたにおすすめなのは、13画。「愛され運」が高まる画数であり、多くの人から声がかかることになりそう。思ってもみなかった人物からSNS上でフォローされたり、アプローチを受けるようなこともあるかも。オフ会や交流会にもツキが。

結婚運を上げたい!

LUCKY総画数……31画

結婚や将来のことを考えていくなら、年を重ねるごとに運気が上がっていく31画がおすすめ。自分自身の運気はもちろん、結婚相手の出世や昇進にも好影響を与えることができる画数です。結婚後も仕事と家庭をうまく両立させ、幸せを手に入れることができるでしょう。

パートナーにもっと愛されたい!

LUCKY総画数……6、15画

6、15画は「スーパーウルトラ大吉」の画数。いずれもパートナーや周囲の人々に恵まれ、安定した生活を送ることができる運気を引き寄せるはず。特に6画はパートナーからの愛情を受けながら、お互いに運気を相乗効果で上げていける関係を築くことができます。

誌上リーディングで幸せを引き寄せる！

オラクルカードが寄り添う あなた様の恋模様2024

思考よりも直感を頼りにした行動が幸運を呼ぶ2024年。
40枚のカードの中から1枚を直感で選び、メッセージを受け取ってみてくださいね。

直感を信じて行動すれば幸運な流れに乗っていける

２０２４年は、直感で道を切り拓く年になりそうです。

これまでの２〜３年は、直感よりも理性が重視される傾向がありました。判断基準は、論理的に考えて納得できるかどうか。しかしその結果、よくよく考えたうえで行動したのに裏目に出て、ストレスを感じることもあったのではないでしょうか。

ただしそんな流れも、２０２４年に入ると切り替わります。直感が冴え渡り、お相手様の気持ちやご自分が進むべき道が自然と見えてくるように。とことん考え尽くしたこれまでの経験があるからこそ、あらゆる情報を感覚でつかみ、流れに乗る力が培われたのです。だからこそぜひ、直感が働いたときにはご自分にブレーキをかけず、どんどん行動に移してみてくださいね。

今回ご紹介するカードリーディングは、直感力がすべて！ピンとくるカードを選び、そのカードに込められたメッセージを自由に受け取ればＯＫです。一枚一枚のカードには、花や宝石、星座が対応していたり、キャラクターが登場したりもしますから、そこからヒントを受け取るのもおすすめですよ♡

今回の使用カード

フラワーハピネスカード

色とりどりの花が描かれた20枚のカード。それぞれの花言葉にちなんだメッセージが込められています。

ジュエリーハピネスカード

それぞれの宝石と宝石言葉をあてはめた20枚のカード。ほしタロのキャラクターや動物などが描かれています。

毎日が幸せになる オラクルカード リーディングBOOK
¥2,420（税込）

限定特典として「フラワーハピネスカード」20枚が付属。この一冊で今日からの毎日を占うことができます。

奇跡を引き寄せる！
毎日が幸せになる オラクルカード リーディングBOOK
ジュエリーハピネスカード付き
¥2,530（税込）

宝石にメッセージを込めたカード付き。「フラワーハピネスカード」とあわせて使っても、本書単体で占ってもOK！

あんずまろん

YouTubeのカードリーディング動画配信を中心に活動中の栗の占い師。初投稿から半年で占いチャンネルとしては異例の登録者数10万人を突破し現在は24万人を超える（2023年12月現在）。著書7冊。占いの"怖く怪しい"イメージを変えるため、各メディアでの執筆や監修・占いコンテンツプロデュースなど、さまざまな企画を行っている。
X（旧 Twitter）@anzumaron_twit

ダウンロード特典

「恋愛運爆上がり♡待ち受け」

オリジナルオラクルカードから最強の恋愛カード"ローズクォーツ"にメッセージを書いた待ち受けをご用意しました！力をもらいたい、運気を上げたいときなどにご使用くださいね♡

ほしタロ占い

キャラクター紹介

ほしタロとは、あんずまろんさんプロデュースの「占い×キャラクター」コンテンツ。実力派配信者を声優に迎え、各SNSやYouTube等で動画配信を行っているほか、大手コラボグッズ販売や、さまざまな媒体で作品を展開中です。12星座を表す個性豊かなキャラクターたちを紹介します。

春の星座 -ワンドの能力者-

おひつじ座 Aries

羽間 流羽（はま るう）

誕生日：4月1日（秘密）
血液型：O型
身長：183センチ
趣味：散歩・カジノ
好物：鶏肉ときゅうりのポン酢和え
性格：表向きはクールだが、本当は熱い
CV. 初瀬くん

あなた様の恋愛傾向

自分らしさを失わずに、自然とアプローチができる方。無意識に見せるかわいい一面で好きな人を虜に♡

おうし座 Taurus

恵月 冬（えつき とう）

誕生日：5月17日（19歳）
血液型：O型
身長：175センチ
趣味：食べること・パンチングマシーン
好物：卵焼き（砂糖入り）
性格：背負い込みがち興味のあるもの以外に疎い
CV. UMA（しかさん）

あなた様の恋愛傾向

最初は奥手でも、恋愛経験を積むほど"追われる人"になっていく方。お相手様にアプローチさせるのが上手♡

ふたご座 Gemini

春日 透（かすが とおる）

誕生日：6月2日（20歳）
血液型：A型
身長：176センチ
趣味：映画鑑賞
好物：カヌレ
性格：クールになりたい熱血者
CV. れんが

あなた様の恋愛傾向

とにかく人を見る目がある方。一度しっかりと関係を結んだお相手様とは一途にお付き合いをしていけます。

夏の星座 -カップの能力者-

かに座 Cancer

芥弁解 澄雨（あくべんかい すう）

誕生日：7月5日（18歳）
血液型：B型
身長：168センチ
趣味：トレーニング
好物：麩饅頭
性格：なかなか本音を話さない聞き上手
CV. NO.17 INAMI

あなた様の恋愛傾向

聞き上手なところやユニークな発想が魅力的な方。初めて会ったときに一目惚れさせちゃうことも♡

しし座 Leo

江波 ルキ（えば るき）

誕生日：8月4日（28歳）
血液型：O型
身長：185センチ
趣味：温泉巡り・旅行
好物：チョコレート（ミルクチョコのみ）
性格：情に厚く面倒見がよい
CV. ミネ

あなた様の恋愛傾向

恋愛経験豊富ですが、最後はたったひとりと長く結ばれる方。甘え上手な一面にお相手様はゾッコン♡

おとめ座 Virgo

星 真里珠（ほし まりす）

誕生日：9月22日（22歳）
血液型：A型
身長：176センチ
趣味：コレクション・フリーマーケット
好物：たこ焼きとお酒の組み合わせ
性格：人の心理を読むのが得意で世渡り上手
CV. たちばな

あなた様の恋愛傾向

12星座で最も恋愛の情熱がある方。困難な状況でも頑張れる一方、一度違うと感じると冷めてしまう特性も。

秋の星座 -ペンタクルの能力者-

てんびん座 Libra

優酷 零亜（ゆうこく れあ）

誕生日：10月10日（25歳）
血液型：B型
身長：178センチ
趣味：ギャンブル
好物：モッツァトマトパスタ
性格：軽薄に見えても本当は誠実な身内思い
CV. パーくん

あなた様の恋愛傾向

恋多き人と思われがちですが、本当は一途な方。好意は抱かれやすくてもうまく避ける術も持っています。

さそり座 Scorpio

杓裏 虎紋（しゃくら こもん）

誕生日：10月31日（25歳）
血液型：AB型
身長：178センチ
趣味：撮影
好物：アップルパイ
性格：厳格に見えても愛があるマイルールの持ち主
CV. 🔥ニギ🔥

あなた様の恋愛傾向

純粋さと艶やかさの両極の魅力を持つ方。多くの恋を楽しめる才能はあっても、軽薄なことはしません。

いて座 Sagittarius

カウス・ボレアリス

誕生日：11月24日（28歳）
血液型：B型
身長：161センチ
趣味：スポーツ全般
好物：焼肉
性格：自我が強く我が道を行く男前
CV. なかっすくん

あなた様の恋愛傾向

束縛が苦手で、お互いの時間を大切にしたい方。お仕事や趣味のつながりで恋愛に発展することもあります。

冬の星座 -ソードの能力者-

やぎ座 Capricorn

無楽 春（なしら しゅん）

誕生日：12月25日（19歳）
血液型：B型
身長：175センチ
趣味：考察と分析
好物：鶏白湯ラーメン
性格：真面目で一途で一生懸命（たまに天然）
CV. 春希

あなた様の恋愛傾向

簡単に心を開きませんが、心に決めた人は生涯愛する方。運命の人と幸せな恋愛を末永く続けることができます。

みずがめ座 Aquarius

天兎 幸弥（てんと ゆきや）

誕生日：2月16日（24歳）
血液型：B型
身長：186センチ
趣味：音楽鑑賞・ゲーム
好物：野菜スティック
性格：いざというときにしか本気を出さない
CV. VOL

あなた様の恋愛傾向

恋愛経験豊富な印象ですが、実際は運命の人をじっくり見定めている方。恋より仕事や趣味に励む傾向も。

うお座 Pisces

冷奏 羽人（れいそう はうと）

誕生日：3月13日（28歳）
血液型：A型
身長：183センチ
趣味：ファッション
好物：フライドポテト
性格：人の言葉をよく覚えていて自然と溶け込むのが得意
CV. 星降こまち

あなた様の恋愛傾向

ロマンティックな恋愛を求める方。好意は寄せられやすいですが、付き合う人のタイプは偏りがちかも？

オラクルカードで
実際に占ってみましょう

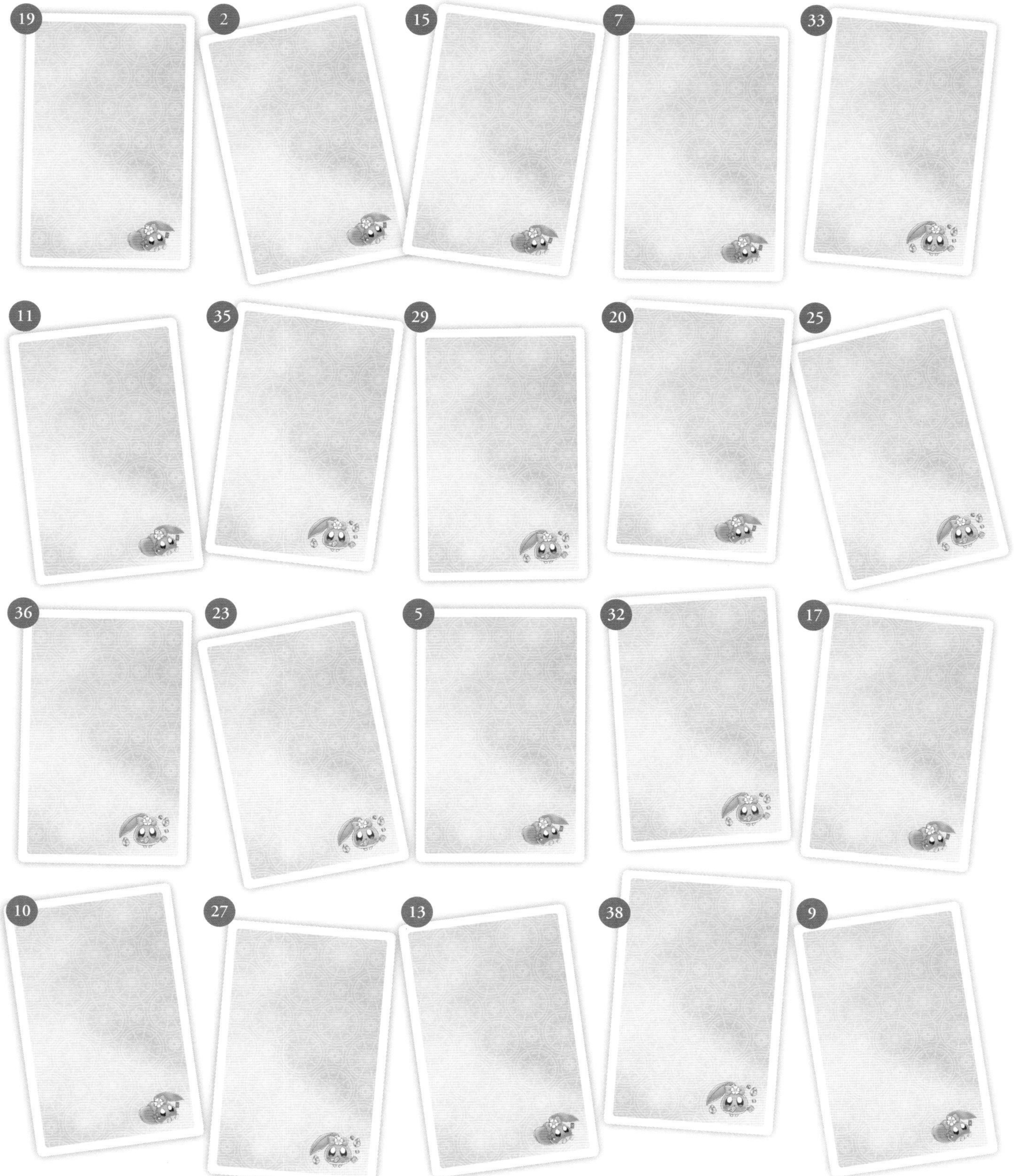

目を閉じた状態で
カードを指差して選んだり、
気になる数字を
選んだりしてもOK！

占い方

1 占う内容を決めます。

2 下のカードの中から気になるものを1枚選びます。

3 選んだカードの番号と同じものを92〜95ページから探して読んでみてくださいね。

3
21
12
37
26
24
8
39
6
30
16
34
1
28
22
14
31
18
40
4

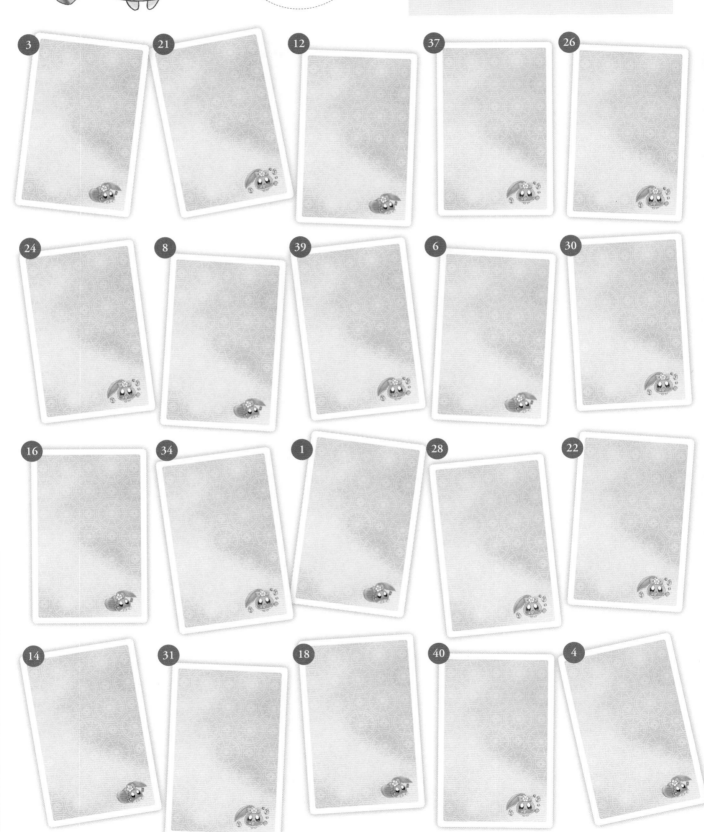

診断結果

1.杏

不安な気持ちが
対話によって晴れていく

「（お相手様に）嫌われているかも」「良い印象を持たれていないかも」と不安になっていませんか。そんなときはひとりで悩まずに、思い切ってどなたかに話してみるのがおすすめ。もしかするとお相手様も、同じ不安を抱えているかもしれませんよ。対話によって互いの気持ちを確認すれば安心できそうです。

2.スイカズラ

焦らなくても大丈夫
タイミングはもうすぐ……！

もしも今、お相手様とうまくいっていないとしても、それは相性が悪いせいではないですからね。あなた様とお相手様は、価値観や趣味がぴったりと合う最高のパートナーです。自然な形で距離を縮められるときがやってきますので、心配しなくても大丈夫ですからね◎

3.エキザカム

うまくいかなくても
責任を感じなくても大丈夫

お相手様と距離ができてしまったり、ケンカをしたり……。そんな状況に陥って、つらさを感じていませんか？　たとえお相手様との関係が停滞していてもあなた様に非はありませんから、ご自分を責めなくても大丈夫。そのうち解決するときがきますから、ストレスフリーに過ごしてご自分を労ってくださいね。

4.クリスマスローズ

心を休めてみて◎
夜明けは必ず訪れます

お相手様との今後を思うと、苦しくて心が張りさけそうで、つらくて何も手につかないほど心を支配されている……。そんな過酷な状況が続くと、不安になりますよね。あなた様だけが頑張らなくても大丈夫。今は心を休めてみてくださいね。夜明けは必ずやってきます。

5.アザレア

ご自分の気持ちに素直に……
適度に好きなものに触れてみて◎

好きな人やものに没頭すると、ほかのことがおろそかになってしまう気がして心配になりますよね。不安なときは適度に触れてみても大丈夫ですからね。また、いつもと違う場所に出かけることで探していた答えが見つかる可能性も……！

6.牡丹

あなた様に思いを寄せる
誰かが現れそう

あなた様に好意を寄せる方が、すぐ近くにいらっしゃるようです。その方は、お友達になりたいと思っているのかもしれませんし、一緒にお仕事をしたいと思っているのかもしれません。もうすぐアプローチを受けますが、どのように付き合っていくのかはあなた様次第◎ご自分の心に聞いてみてくださいね。

7.ゼラニウム

不信感が募るときこそ
リラックスタイムを

お相手様のことが信じられず、苦しさを感じていませんか？　そんなときはゆっくりとお風呂に入ったり、好きな音楽を聴いたりしてみてくださいね。リラックスしながら過ごしてみることで解決の糸口が見えてくるようですよ。誤解が生じていた場合は問題が解決することも。

8.サンダーソニア

関係性の発展を願って
パワースポットへ

恋愛や友人関係を発展させたいなら、外に出かけてみてくださいね。特に、神社などのパワースポットに足を運ぶのがおすすめですよ。気持ちが晴れやかになり視野が広がることで、見落としていたものに気がつけそう。話をするチャンスが巡ってきたり、関係を深める方法が見えてくるかもしれません……！

9.金木犀

お相手様からのアプローチで
絆が深まっていく

お相手様はあなた様に対して「もっと仲良くなりたい」「こんなことを一緒にしてみたい」といった前向きな気持ちを伝えてくれそうです。これまでは口にできなかった思いを、言葉にして届ける準備ができたのかもしれませんね。うれしいその知らせをきっかけにして、2人の絆がさらに深まっていきますよ。

10.ナイトスカイ

こじれてしまった関係が
修復に向かうとき

復縁や仲直りが実現します。「もうダメかも」と思うこともあったかもしれませんが、決して諦めなくて大丈夫。もうすぐお相手様から歩み寄りのアプローチがありそうですよ。もちろん、その動きを待たずにあなた様から積極的に行動してもOK！話しかけたり、遊びに誘ってみたりするのもおすすめです◎

診断結果

11.アマリリス

あなた様を認めてくれる人 大切な存在はすぐそばに

ご自分に自信を持てなくなっていませんか？ あなた様はとても魅力的な方です。そして、その魅力を十分に理解し、支えようとしてくれる方が近くにいます。ありのままの姿をさらけだしても大丈夫。誇りを持って堂々と、あなた様の強みを表現してみてくださいね。

12.薔薇

つらい状況を好転させる 重要な縁がつながるとき

好きな人からアプローチされたり、頼れるビジネスパートナーと出会ったり……。希望ある未来へと続く大切な縁が、ついに結ばれるときがやってきます。うまくいかないことばかりでつらい状況が続いていたかもしれませんが、もう大丈夫！ 素晴らしい縁のおかげで、ワクワクする未来がもたらされますよ。

13.アイリス

待ちに待っていた 朗報が舞い込む

吉報が届けられます。それは、好きな人からのお誘いかもしれませんし、ビジネスパートナーからの依頼かもしれません。心躍るようなうれしい知らせがありますから、見逃さないようチェックしてみてくださいね◎長年にわたって音信不通になっている大切なお相手様から、連絡がくる可能性も……！

14.ブルースター

どんなに離れていても 再び深くつながれる

タイミングが合わずに会えなくなっていたり、意思疎通がうまくいかなくなっていたりと距離ができてしまったお相手様との関係に不安を感じているのでしょうか。どれだけ離れていても大丈夫。あなた様とのつながりは深く、決して切れません。離れている間もおふたりは強い絆で結ばれていますからね。

15.桜

心から離れない想いは そのまま持ち続けて大丈夫

つらい思い出や、お相手様への未練などで苦しんで「もう忘れなきゃ」と思っているのなら、無理をしなくても大丈夫。忘れられない気持ちを抱え続けたっていいのですよ。しばらく立ち止まってみてもいい。前に進みたいなら進んでもいい。あなた様が後悔のない道を選んでみてくださいね。

16.ラナンキュラス

新しい自分へと 生まれ変わる時期

大きな節目を迎えて、人間関係が変化するときが来ています。環境の変化によってお相手様との関係が進展したり、憧れだった人が恋人になったりする可能性も。そんな変化の兆しを察知して、自分磨きに励んでいる方もいるかもしれませんね。これまでとは違う新たなステージで、まだ見ぬ自分に出会えそうです。

17.エゾギク

ずっと昔の経験が 悩み解決の糸口になる

遠い記憶からヒントを得られそうです。ずっと昔に経験した、人間関係のつまずきや傷つき。そんな記憶がふと蘇り、そこで感じたことや学んだことが今のあなた様の糧になってくれますよ。悩みを解決するための手がかりが見つかることも。かつてのご自分を懐かしみながら、過去に思いを馳せてみてくださいね。

18.コスモス

お相手様は運命の人 いつか必ず結ばれる

お相手様は、あなた様にとって運命の人です。思うように関係が深まらなかったり、会えない時間が続いたりしていても、おふたりの縁は前世から深く結びついています。強固なため簡単に切れることはありません◎ 必ずうまくいくタイミングがやってきますからね。

19.ルピナス

目を凝らして周囲を探せば ヒントが見つかりそう

探している答えの手がかりは、すぐ近くに潜んでいます。まずは周囲にいる人を見まわしてみてくださいね。目を凝らして探してみることで思いがけないヒントを与えてくれる人が見つかりそう！ひとりで抱え込まなくても大丈夫◎よければ身近な人たちに目を向けてみてくださいね。

20.フクジュソウ

最高級の幸福が このあとすぐに訪れる

あなた様は今、最高に幸福な状態です。悩みの渦中にいたとしても、すぐに幸せを受け取れるときがやってくるようです。心配することはありませんからね。ハッピーな気持ちで満たされる未来が、確実に訪れています。対人運は絶好調に！

診断結果

21.レピドライト

ここからはじまる新しい展開を楽しみに

新しい何かがはじまるときです。まるで入学式のように「スタートラインに立っている」というワクワク感を味わえそうですよ。近いうちに環境が変わったり、出会いに恵まれたり、コミュニティやサークルに参加するようになるなど、何かがはじまっていきます。希望を胸に、歩みを進めてみてくださいね。

22.ホワイトゴールド

あなた様の成長に気づき助けてくれる存在が出現

「変われない自分」「成長できない自分」に、物足りなさを感じていませんか？ 周囲の方々は、あなた様の進化と成長を理解しています◎ 変化を遂げながら常に努力されている姿はとても素敵ですよ。焦らず少しずつ進んでみてOKです♪

23.エメラルド

思いがけない幸運に恵まれ波に乗って進んでいける

待ち望んでいた幸運に恵まれます。「ラッキー！」と手放しで喜べるような、うれしい出来事が起こりますよ。好きな方がフラリと会いに来てくれたり、お仕事のヘルプに入ってくれる方が急に現れたりして、幸せな気分を味わうことができそうです。この幸運をつかんでハッピーな流れに乗ってみてくださいね。

24.ローズクォーツ

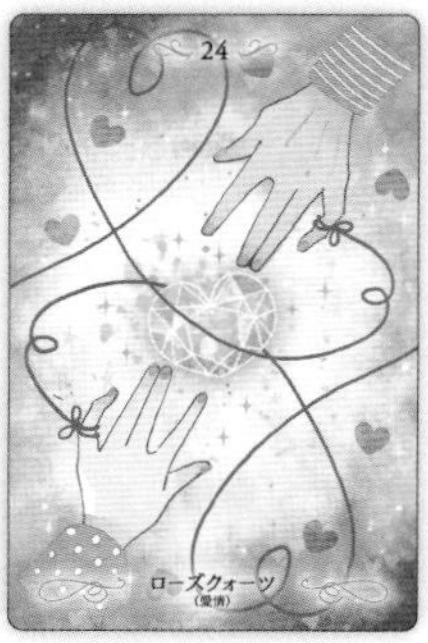

恋愛運が上昇中！モテ期がやってくる

恋愛運が急上昇しています。モテ期が訪れ、あなた様の人気がぐんぐん上がっていきますよ。理想の方と出会えたかと思えば、迷う間もなくお付き合いをする流れになることも。とにかくモテるタイミングなので素敵な出会いに恵まれます。ご縁があったときはチャンスをつかんでみてくださいね♡

25.アンバー

人との関わりがさらに豊かになっていく

「繁栄」がキーワードであるこのカードを選んだあなた様には、今後さらなる増加や広がりが見られます。例えば、お相手様と会う回数や会話のラリーの数が増えたり、チームに新たなメンバーが加わったり、人脈が広がったりする可能性もあります。あなた様の対人関係がますます豊かになっていく予感です！

26.ターコイズ

心と体の健やかさが開運へのカギに

あなた様の心身の健康をサポートしてくれる、医師やカウンセラーの方との出会いがありそうです。悩みがあると、心と体のバランスを崩してしまうこともありますよね。そんなときにはまず、心身を立て直すことに注力してみると◎ 少しずつできることから手をつけてみてくださいね。

27.ラリマー

信頼できる旧知の人物が力を与えてくれる

長年の付き合いがある親友や親族など、あなた様のことを昔からよく知っている頼れる人物が力になってくれます。悩みを抱えて困っているのなら、迷わず相談してみてくださいね。その方はいつでも遠くから優しく見守り、気遣ってくれています。あなた様からの相談を親身になって聞いてくれますよ。

28.カイヤナイト

直感に従って行動すればそれが正解に！

直感力が冴え渡っています。誰に何と言われようと、あなた様の直感を信じて突き進めばOK！「運命だ」と思うのなら、その感覚に間違いはありません◎ 偶然が重なったり夢で見た場所を訪れたりと、奇跡とも思える不思議な体験をする可能性も。それもまた、あなた様を導くヒントなのかもしれません……！

29.アズライト

ふたりの過去を振り返り未来に思いを巡らせる

神秘的な力が高まっています。このタイミングで、お相手様との出会いから今に至るまでを振り返ってみるのがおすすめ◎当時のあなた様の心には、お相手様のどんな部分が刺さったのか。あなた様の心がどんなふうに動いたのか。そして現在に至り、今後どうなっていくのか……。そんな流れを感じてみてくださいね。

30.サファイア

あふれ出る慈悲の心をありのまま表現しよう

慈悲の心や愛情があふれ出てきます。誰かに対して「尽くしたい」という思いが募ったときには、迷わず行動に移してみてくださいね。悩んでいるお友達に声をかけて相談に乗ったり、忙しそうな同僚のお仕事を手伝ったり……。お世話したい！という気持ちが好転を招くときです♡

診断結果

31.トルマリンキャッツアイ

勝負に出るなら今！ 強気に楽しんじゃおう♡

賭けに出るには最適なとき♪告白にしても、商談にしても、このタイミングでトライすれば必ずいい結果につながります。たとえ不安な賭けだったとしても、思いっきり強気で挑んでみてOKです！ 勝負がはじまれば、あとはとことん楽しむだけ。勝利へと導かれる準備は、すでに整っていますからね。

32.マンダリンガーネット

お金の状況が整うことで 願いを実現できるとき

お金の問題が解決することで、次のステップへと進めそうです。収入が増えたことによってご結婚の話がまとまったり、引っ越し資金が貯まったことによって住環境を変えられたり……。資金不足が原因で先送りになっていた願いが、ようやく実現するようですよ。それにともなって、人間関係も好転していくようです◎

33.ホークスアイクォーツ

理想の未来をイメージし 計画通りに進んでいけるとき

将来について考え、計画を立てて前進することでいい流れをつかめます。叶えたいことがあるのなら、この機にプランを作って挑戦してみてくださいね。未来のことは誰にもわからないからこそ、好きなようにプランを立てられるのかも！「やってみよう！」と挑戦することで道が切り開けるようですよ♪

34.レッドスピネル

ワクワクする気持ちを 行動に変えてみて♡

好奇心のおもむくままに進んでOK！「やってみたい」と思うことがあるのなら、積極的に挑戦してみてくださいね♪誰かと一緒にトライしてみたいことがある場合は、勇気を出してお相手に提案するのも◎ 心のままに行動することで、人生がガラリと好転し幸運にも恵まれちゃう予感です♡

35.トパーズ

インパクト大な 成功体験が待っている！

プロポーズをされたり、憧れの有名人からお誘いがあったりと、スケールの大きな成功体験が待っています！ 長い間抱き続けていた願いが、まるで魔法のように叶うときがやってきました。積み重ねてきた努力は、決して無駄ではなかったのですよ。夢のようなこの現実をぜひともお楽しみくださいね。

36.ラピスラズリ

比較しなくてもいい 唯一の自分を見つめてみて

あなた様自身の内面に目を向けることで、ぶれない軸を手に入れられそうです。あなた様の魅力は、誰かとの比較によって決まるものではありませんからね◎ 唯一無二なその魅力を理解している方はたくさんいます。少しずつでも、あなた様の強みに目を向けてみてくださいね。

37.クリソコラ

“あの人”と同じように “私”のことも大切に

「愛されたい」という気持ちが募るあまり、ご自分を犠牲にしていませんか？ その気持ちはとても素晴らしいものです。だからこそ、美しい感情を輝かせているあなた様自身も、ぎゅっと抱きしめてあげてくださいね。あなた様もお相手様同様に、宝物のように大切な存在なのだから……。

38.アメジスト

不器用の中にある感情 少しずつ見えてくる愛

お相手様には、あまのじゃくで不器用な一面が。臆病な性格から曖昧な態度を繰り返していたようですね。これまではお気持ちをうまく表現できなかったようですが、これからは勇気を出すことで少しずつ素直になっていきますからね◎

39.水晶

肩の力を抜いてみて 共に幸せな未来へ

さまざまな情報やアドバイスを吸収しすぎたことから、プレッシャーを感じ「どうすればいいのかわからない」と悩まれていませんか？ つらい気持ちになっているのなら、距離を置いてみても大丈夫。触れてみたいときに、必要なものだけ手にとってみてくださいね。

40.アクアマリン

つらい日々から解放され 本来の自分を取り戻せる

長く続いてきた悲しみや苦しみから、解放されるときがきています。パワハラ上司が退職したり、負担になっていた人間関係にけじめをつけることができたり……。そうして久しぶりに自由になることで、晴れ晴れとした気持ちを味わえそうですよ。ストレスフリーで健やかな毎日を送れるようです。

恋愛傾向の タイプ別診断！

運命の恋が訪れる時期と年齢

木星と土星の動きを知ることで2024年の運気の流れをチェック！
手相もあわせて読み解けば、恋愛・結婚への向き合い方が見えてきます。

監修 田淵 華愛

「未来は選べる」という視点で手相・占星術・暦などの知識を掛け合わせた独自の鑑定を行い、これまで5000人以上の生き方を読み解く。YouTube「田淵華愛の『最高の未来を思い出す』手相チャンネル」登録者数は11万人超（2023年12月現在）。著書に『星と神様が教えてくれる365日引き寄せごよみ』（宝島社）、『人生がきらめく新しい月星座術』（KADOKAWA）。

ダウンロード特典

『星と神様が教えてくれる365日引き寄せごよみ』に付属していた月間のスケジュールが2024年バージョンで収録！ 勝負の日、チャレンジしたい日など、自分のライフスタイルに合わせて“運”を味方につけられる日を教えてくれます。

5月までは身体感覚が重視される牡牛座木星期以降は、変化を楽しむ双子座木星期に突入！

世の中のルールを守って堅実な人間関係を築こう

魚座土星期にあたる２０２４年は、実直さが重んじられるタイミング。そのため、ルールを守らず奔放に生きている人は厳しい目を向けられやすくなります。

今、浮気や不倫、セクハラ、パワハラといった問題が発覚し、そのツケがまわってくる……といったシーンをニュースなどでも目にすることが増えているのは、２０２３年３月からはじまっている魚座土星期の影響かもしれません。

この状況は２０２５年５月まで続きますから、人間関係においてはいつも以上に誠実な姿勢を心がけるといいでしょう。

身体感覚や健康状態に目を向け心地よさを求めて整えていく時期

２０２４年の大きな特徴は、５月25日を境に流れが変わること。

占星術において世の中の流行を読み解くとき、カギとなるのが木星の位置です。木星が滞在する星座はおよそ１年ごとに移り変わるため、その期間の特色を知るうえで大いに役立つのです。

２０２４年の木星の位置を見てみると、５月25日までは牡牛座に滞在します。そのためこの時期は、五感をはじめとする身体感覚を重視する傾向が強まるでしょう。

この牡牛座木星期がスタートしたのは２０２３年５月のこと。その頃から増加してきたのは、ジム通いによって体のメンテナンスをしたり、家庭菜園に取り組んで食生活を改善したりすることで、フィジカル面を見直す人たちです。

このようにして身体性に着目する流れは、牡牛座木星期が終わる２０２４年５月25日まで続きそうです。

多様性を受け入れ楽しみながら軽やかに変化していく

５月26日になると、木星は双子座に。ここからは、遊び心や軽やかさが引き立つようになってきます。

安定を求めていたこれまでの暮らしが一変。二拠点生活をはじめたり、腐れ縁が切れて新たな出会いに恵まれたりして、ライフスタイルが変化する人も出てきそうです。

物質的なものよりも体験に価値を見出し、好奇心を持って生活を楽しむ流れがやってきます。

2024年の恋愛・結婚を星と手相から読み解く

牡牛座木星期にあたる5月25日までと、双子座木星期に突入するそれ以降では、対人関係において重視されるポイントも変わります。

5月25日までは、身体感覚を通して共感できる相手との関係が深まります。おいしさや美しさといった感覚的な好みが似ている人と、その感性に共鳴し合うことで距離を縮めやすくなりそうです。

5月26日以降は、同じものに関心を持ち、行動を共にできる人との縁が深まります。物質的なものよりも体験などに価値を見出すようになるのもこの時期です。これまでにも増して、SNSを介した出会いが日々の充実につながることも考えられます。勢いに乗ってスピード婚をする人も多くなるかもしれません。

こうした星まわりに加えて、最高の未来を手に入れるための大きなヒントを与えてくれるのが手相です。

今回は、恋愛・結婚における3つのタイプの手相をご紹介します。ご自身や相手の手相のタイプを知り、今後の恋愛・結婚を考えるときの参考にしてみてくださいね。

手相の見方と注意点

左右どちらの手で運勢を見ればいい？

まずは親指を重ねて両手指を組んでみてください。そのとき、左右どちらの親指が上になっているかによって、見る手が変わります。親指が上になっているほうの手には先天運（生まれ持った才能や性格、運勢など）、下になっているほうの手には後天運（生まれたあとに創造してきた能力や性格、運勢など）が現れるからです。手相にはおよそ半年以内の運勢が示されており、状況によって刻々と変化していきます。

左手の親指が上

右手の親指が上

恋愛・結婚における3つのタイプ

タイプ1
安心できる家庭を望むタイプ

穏やかで安定した相手と結ばれ、安心できる家庭を築きたいと願うタイプ。パートナーには刺激よりも安定を求め、精神的にも経済的にもゆとりがある人と添い遂げたいと考えています。ひとりの時間を充実させることよりも、家族など身近な人に愛情を注ぎ、その支えになることで喜びを感じる傾向があります。

→P.098へ

タイプ2
刺激し合える関係が理想のタイプ

安定感のある恋愛や結婚よりも、刺激的な関係性に惹かれやすいタイプ。モテるうえに惚れっぽい恋多きキャラクターで、理想の相手を見つけるとパワフルに愛をつかみに行くアグレッシブさがあります。恋愛のみならず仕事などのプロジェクトにも全力で取り組むので、大きな結果を出して評価を得ていることも。

→P.099へ

タイプ3
ひとりの時間も大切にしたいタイプ

パートナーとの結びつきによって得られる幸せよりも、自分だけの時間や世界観を堪能することに価値を感じるタイプ。楽天的で自由気ままな生き方をしています。結婚願望がなかったり弱かったりする場合が多いものの、ありのままの自分を尊重してくれる相手と巡り会ったときには急速に距離が縮まることも。

→P.100へ

タイプ1
安心できる家庭を望むタイプ

2024年はここで動くと○！

今、パートナーや彼氏がいる場合、5月までお互いのペースを大事にし、結婚などの形にこだわらず焦らないで。ゆっくり愛を育み、6月から結婚や同棲など次のステージに行く話し合いを進めていくのがよさそう。これからパートナーと出会う人は、5月までは紹介などの安心できる堅実な形がおすすめ、6月17日から7月12日は、もっとも家庭運が上がり、愛が結晶化するときです。

幸せ婚線

安心感たっぷりな家庭を築ける

結婚線が1本だけまっすぐ真横に伸びている、もしくは2本だけはっきりと出ている場合は、保守的な恋愛や結婚を望むタイプ。同様の線を持つ相手との結びつきが強くなります。円満な家庭で、楽しい夫婦生活を送っていけるでしょう。スッキリと伸びた線を持つ人は、結婚後に経済的な安定や子どもに恵まれやすいでしょう。

悠々自適線

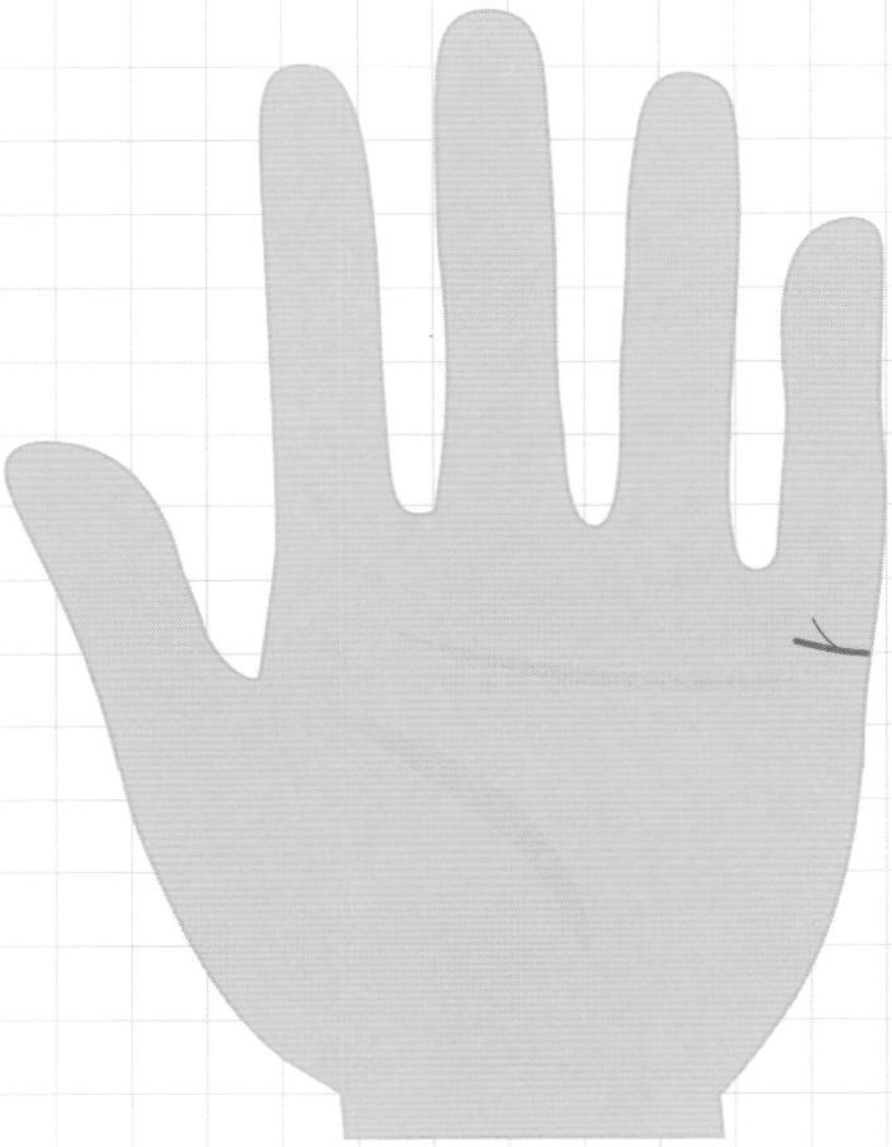

豊かで落ち着いた結婚生活を送れる

結婚線の先が二又に分かれており、そのうち上方向に伸びる線のほうが細くて跳ね上がるようにカーブしています。この線は、経済的にも精神的にも安定した、ゆとりある結婚生活を暗示しています。この線が出てくると、パートナー が大きな幸運をつかむなどのうれしいライフイベントが起きる人も。現在はその状態にないという場合、半年以内にチャンスが訪れそうです。

家庭円満線

パートナーの運気がぐんぐん上がる

長い感情線が人差し指と中指の間に流れ込むのが、家庭円満線。結婚や出産で運気が上がり、家族に愛情を注ぐことで幸せを感じます。また、結婚後にパートナーが昇進するなど、運気を上げていく人です。面倒見がよくて信頼が厚く、それゆえに頑張りすぎる傾向も。甘やかしすぎに気をつけて。自分のメンテナンスにもお金や時間を惜しまないようにしましょう。

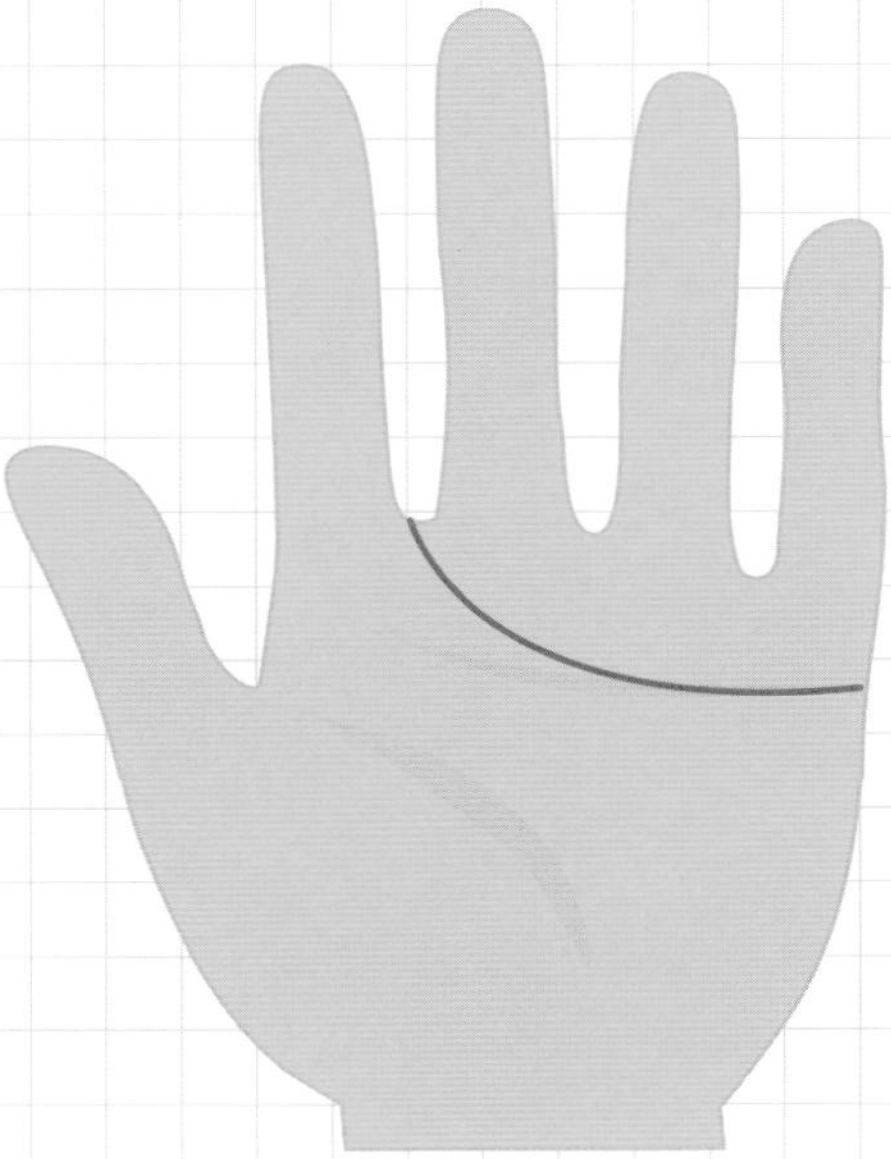

2024年はここで動くと○!

6月以降、価値観や趣味が合う人たちと急速に距離が縮まるような流れがくるため、タイプの人やお互いの環境を理解し合える出会いに恵まれやすくなります。また、ふたりの愛が育まれるのに、時間の長さは問わない星回りのため、関係性が一気に進むこともありそう。結婚はまだ先と思っていた人も、6月17日から7月12日に結婚を視野に入れて動き出すカップルも少なくないかも。

タイプ2 刺激し合える関係が理想のタイプ

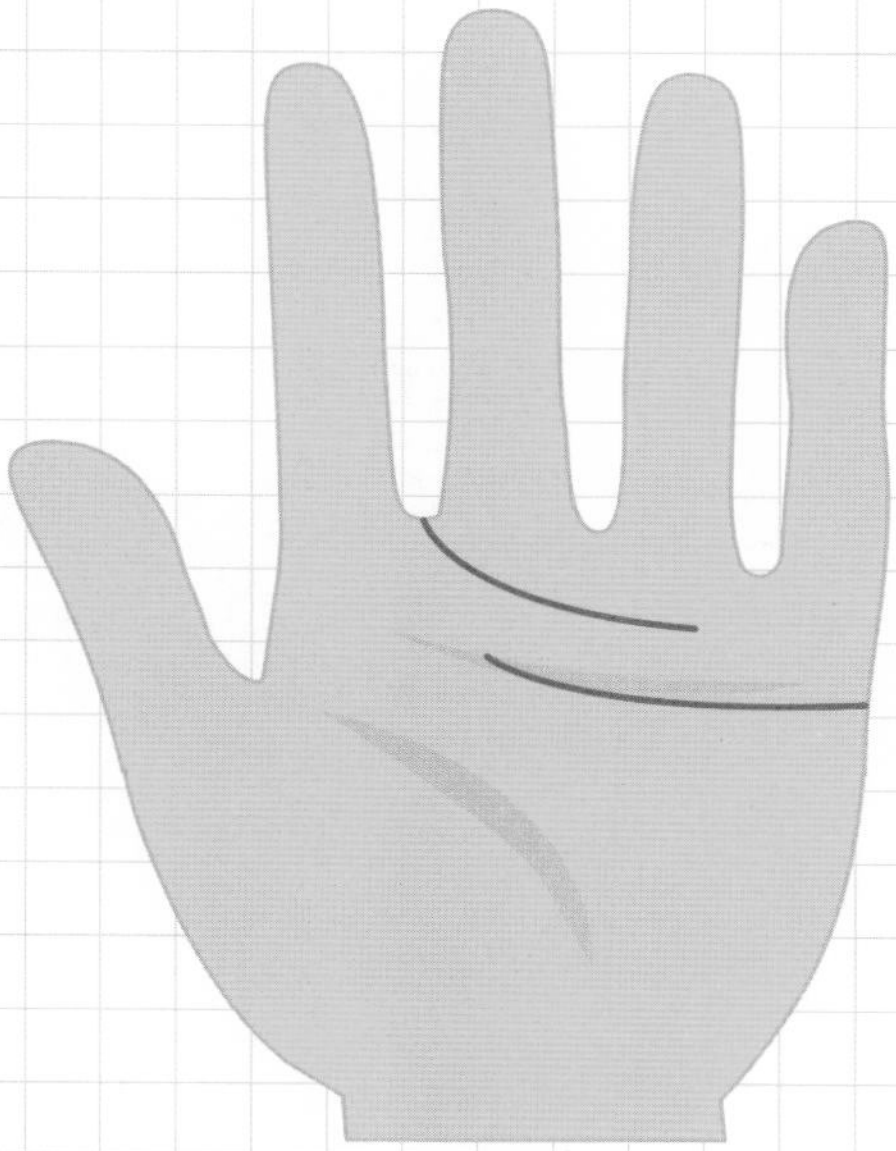

二重感情線

本能のままに突き進むアーティスト

500人にひとりというレアな感情線。この線を持つ人はモテるものの、恋愛や結婚への意識は低め。本能のままに何かを成し遂げる芸術家タイプとして生きるのが向いており、そうした相手に惹かれます。特殊な環境を理解し合える人と出会うと生涯のパートナーになりそう。

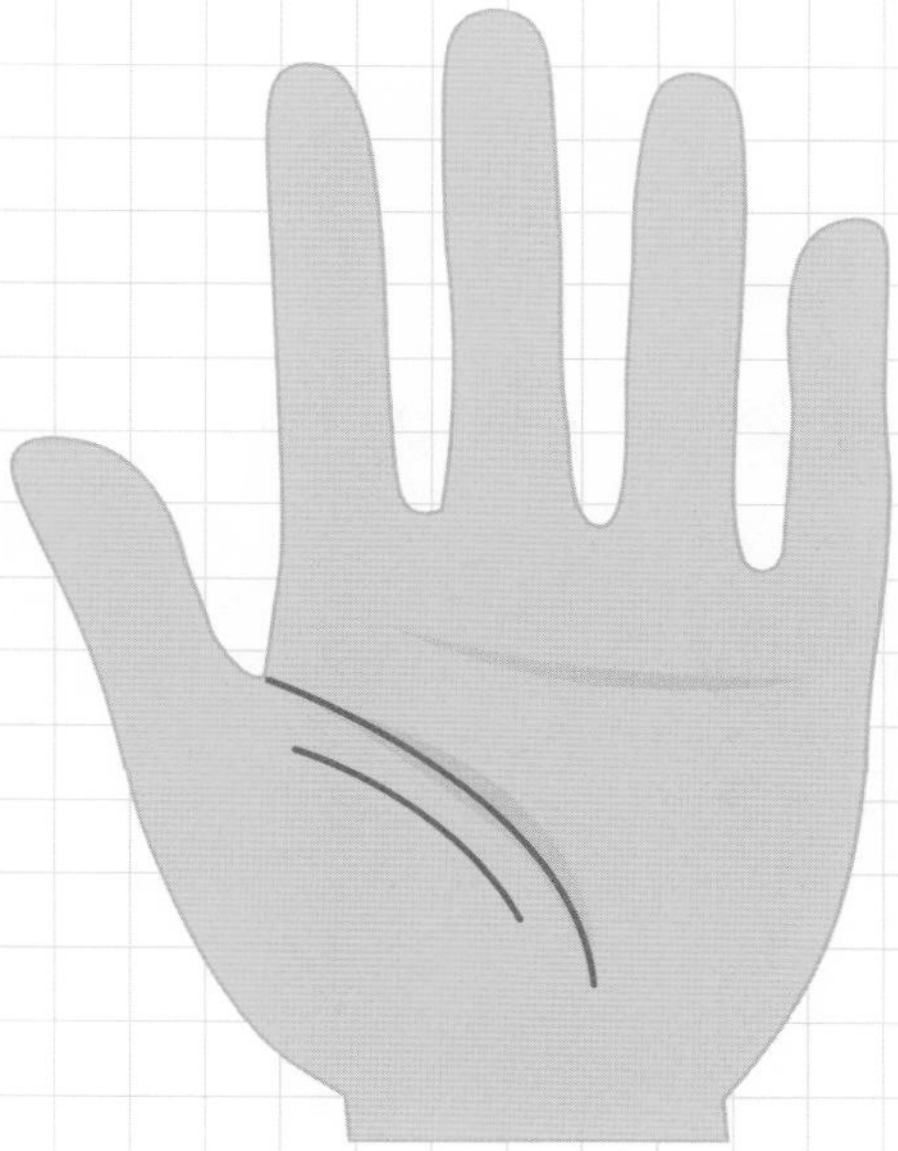

二重生命線

豊かな生命力で愛や仕事に没頭する

失恋や離婚をものともせず、次なる愛を手に入れるために前進を続ける追求者。生命力が強く情熱的なため、一生を通じて愛や仕事に夢中になれます。パートナーには、信念があって周囲にリスペクトされている人や、感動を呼ぶほどの優れた着眼点を持つ人がぴったり。

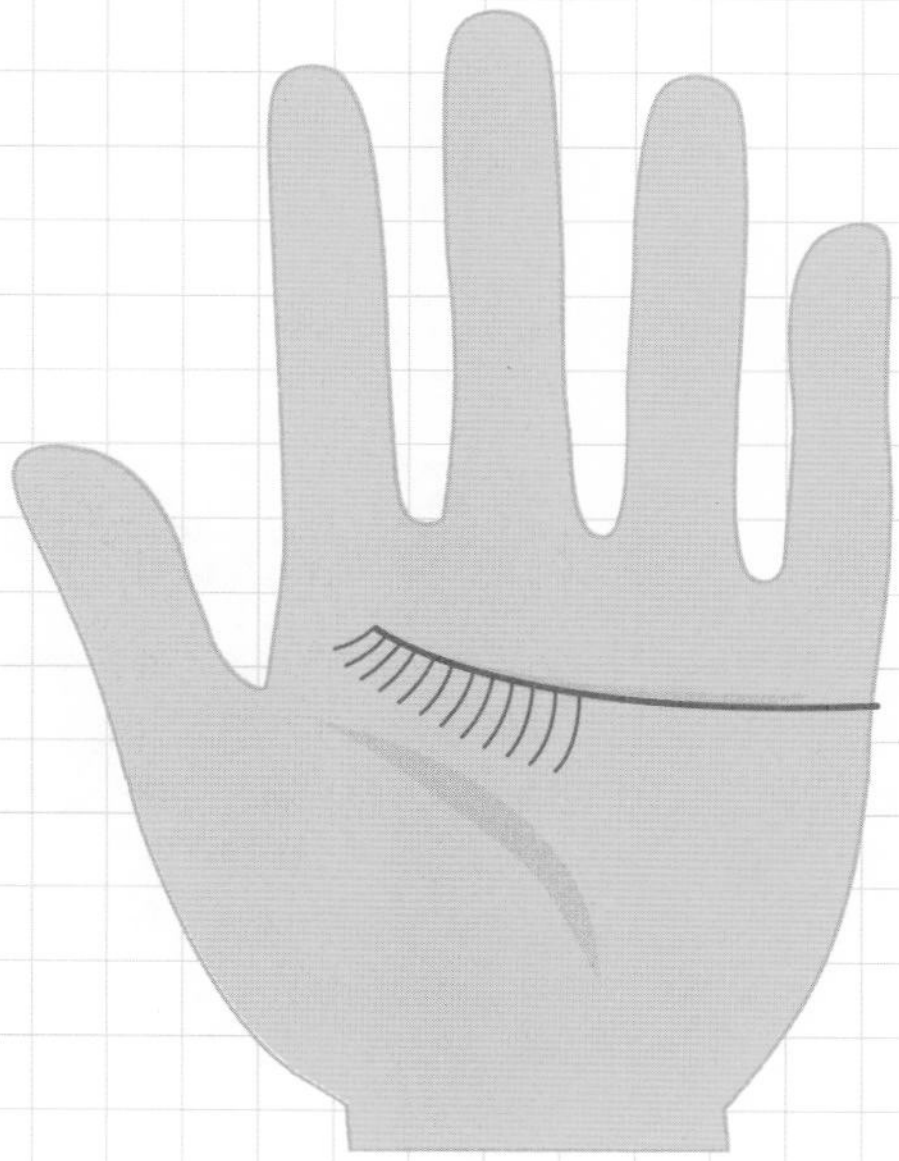

自由奔放線

危うさもありモテる恋多きタイプ

感情線の途中から横方向にたくさんの支線が出ている人は、感受性豊かに恋愛を楽しむタイプ。惚れっぽい一方で冷めやすい一面もあります。雰囲気や性格に心地よさを感じられる相手とは長続きしやすいため、自分自身の感覚を頼りにして、相手を見極めるといいでしょう。束縛されるのは苦手なので、あなたの予定に寛大なパートナーや、相手も仕事に趣味に忙しい人のほうがよさそう。

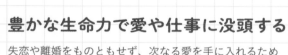

2024年はここで動くと○!

結婚などの形にこだわっていなかった人も、3月12日から4月30日の間に、結婚観が変わる出来事が起きたり、パートナーシップで変化が起きたりしそう。また、今まで自由に自分時間を謳歌していた人も、6月以降はお互いにとって気楽で負担のかからない関係性を築くことに喜びを感じられます。10月18日から11月11日は、今までご縁のない世界と思い込んでいたタイプの人と急接近したり、海外の人とお付き合いする可能性も。

タイプ3 ひとりの時間も大切にしたいタイプ

結婚線なし

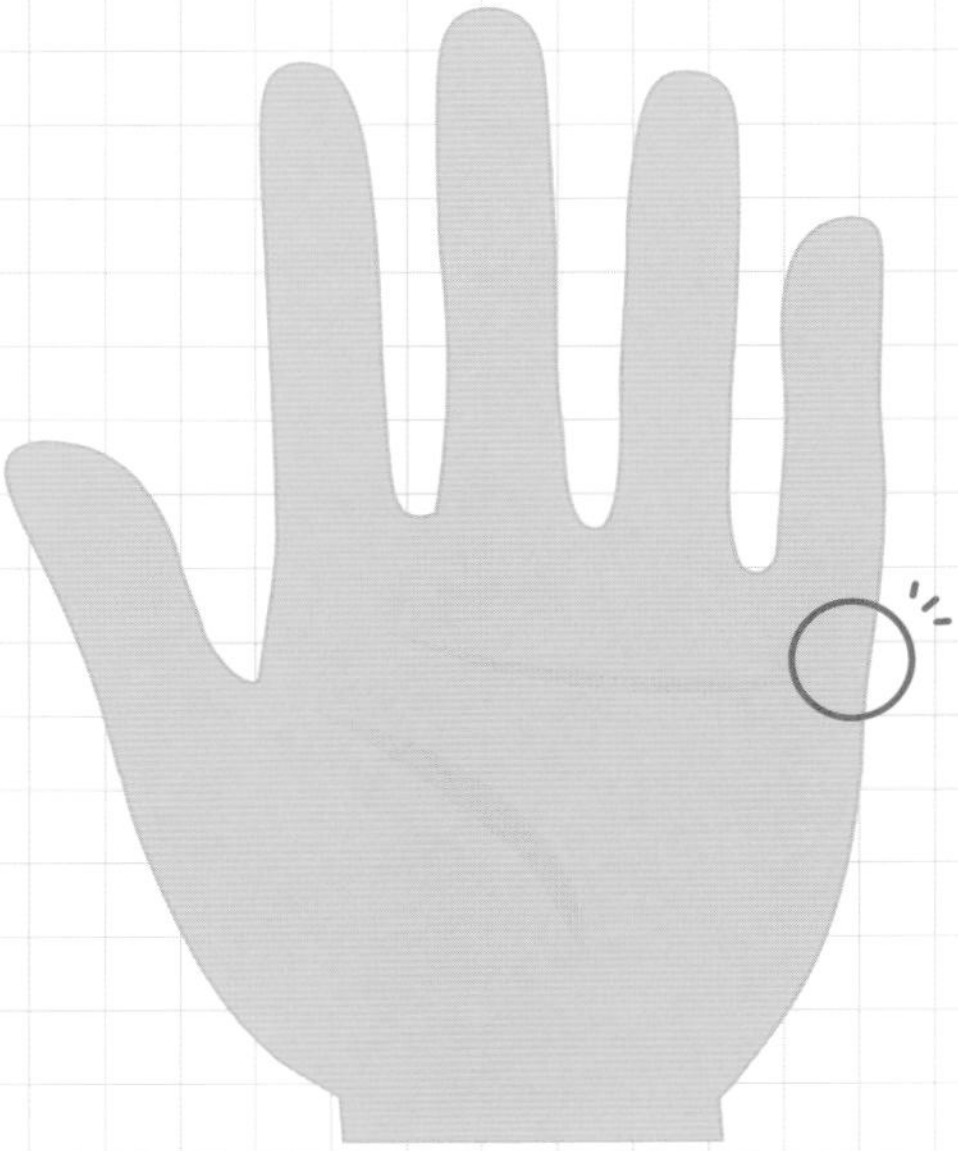

今のところは結婚に無感心

結婚線がないのは、結婚に対する憧れや願望がないことの表れ。親しきなかにも礼儀を重んじるタイプなので、その点を尊重して大切にしてくれる相手に出会い、心地よい距離感で関係を深めていけそうなときには結婚線が出現することも。なかには国際結婚をする人も。

薄くて細い結婚線

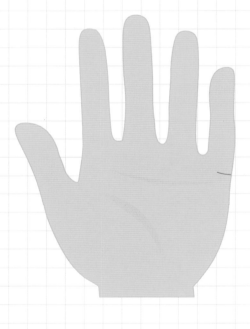

結婚せずとも満足度が高い生き方

結婚線が薄かったり細かったりする人は、結婚への執着がないタイプ。一人の時間を楽しんだり推し活に夢中になったりすることで満足し、家庭を築くことに意識が向いていません。既婚者でこのような線になっている場合は、相手を空気のような存在だと感じています。

国際結婚線

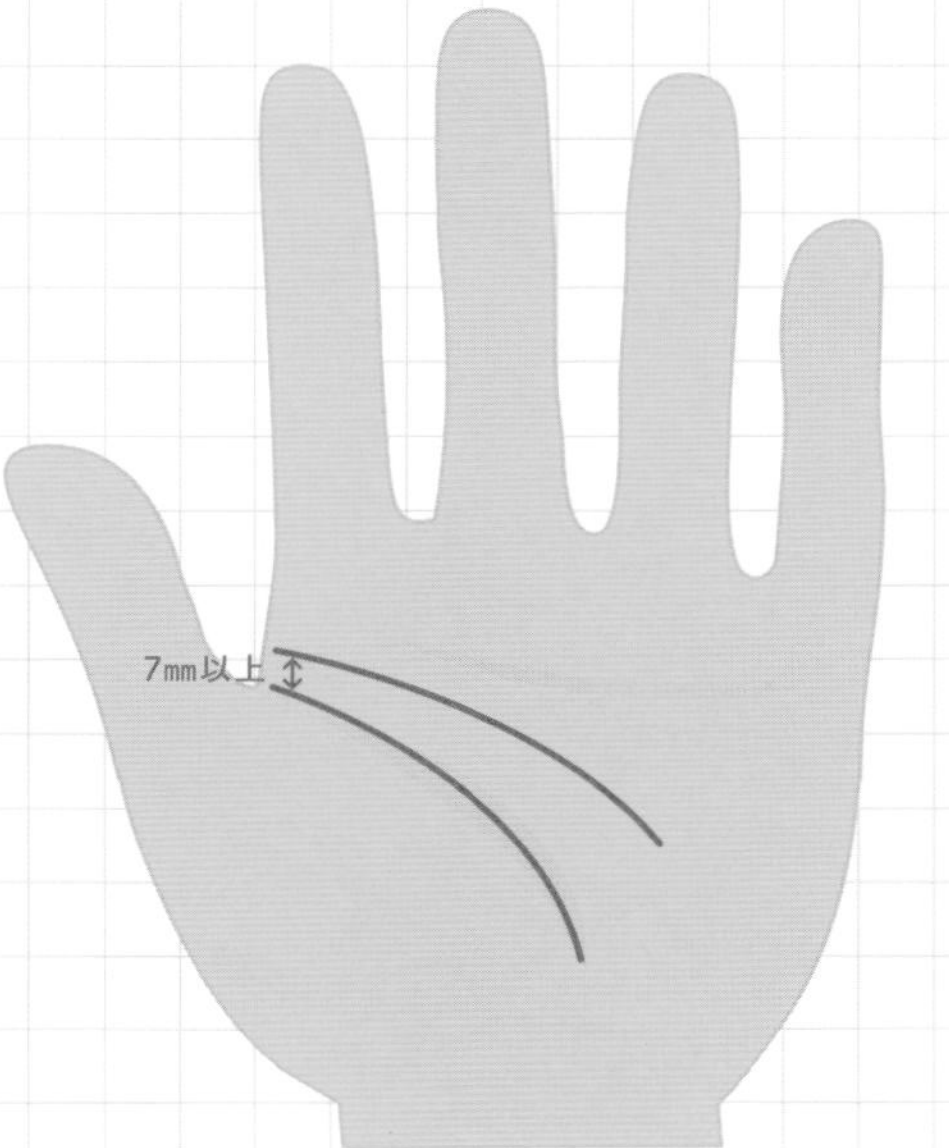

自由気ままで楽天的な旅好き

生命線と知能線の始点が7㎜以上あいている人は、何事も自分で決定して突き進む大胆さがあり、楽天的な性格なので気ままな生き方が向いています。国際結婚や海外生活にも適性があり、年に1度くらいは長期休みをとって海外旅行に行くという人も多いです。自分に似た相手と縁があったときには、電撃結婚の可能性も。

＼ この線がある人は未来が明るい!? ／

2024年をよりよくするために知っておきたい○○線

離婚線

パートナーとの距離が生まれそう

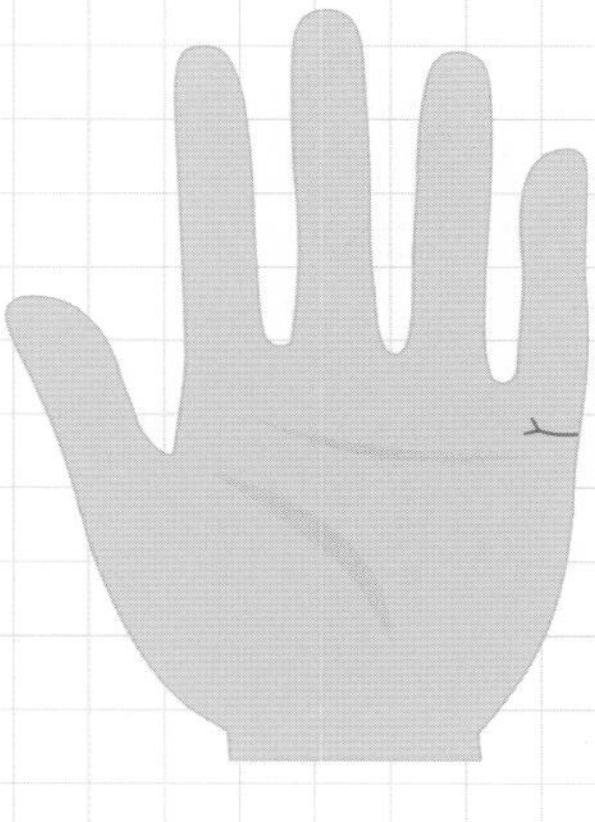

結婚線の先の二又に分かれている部分が3mm未満なら、転勤などによって相手と一時的に離れることを意味します。3mm以上であれば、互いの心が向き合っておらず別の方向を見ているため、離婚の可能性も。独身の人の場合は、恋愛や結婚に自信がないことの表れ。必ずしも、未来の結婚相手との離婚を予言するものではありません。

金星環

人を惹きつける魅力にあふれる

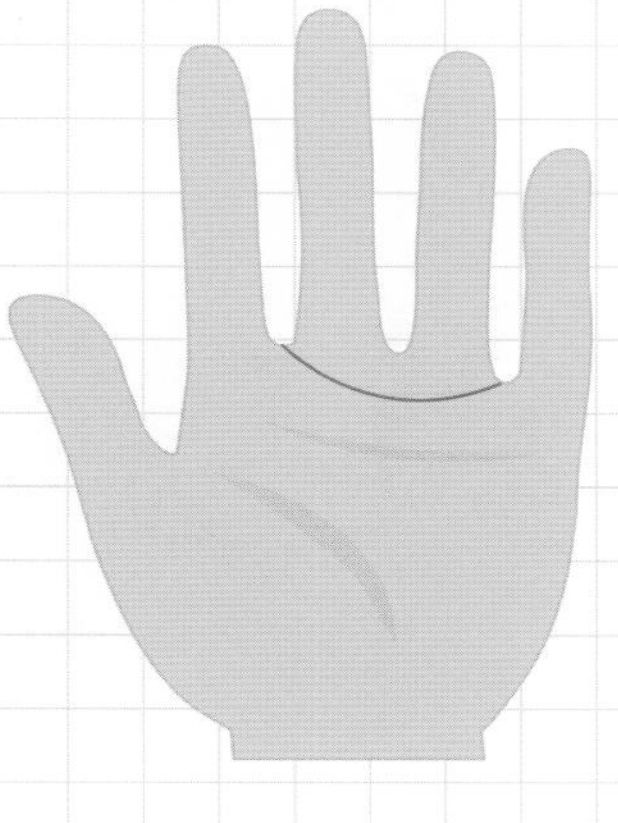

エロス線とも呼ばれ、色気やオーラがにじみ出ている人に現れる線。感受性豊かで人を惹きつける魅力があります。その力は恋愛のシーンで発揮されるだけではなく、美的センスや人気が必要とされる仕事でも大いに役立つでしょう。半円形の金星環がはっきりと出ている人は、情熱的な恋愛をすることも。

仏眼

先祖に導かれて幸運をつかめる

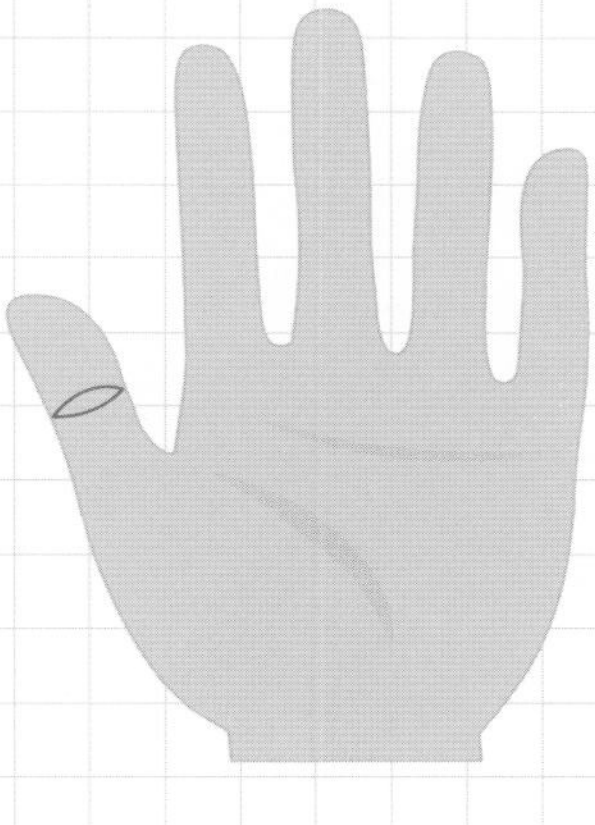

親指の第一関節に現れる、まるで目のような形の線が仏眼です。家系の繁栄を支えてくれるパートナーと結ばれるなど、先祖に導かれたかのような幸運に恵まれる傾向があります。勘が鋭く強運の持ち主であるため、思いがけない方法で危機を回避したり、欲しいものを手に入れたりすることがあります。

神秘十字

神仏や先祖から守られている存在

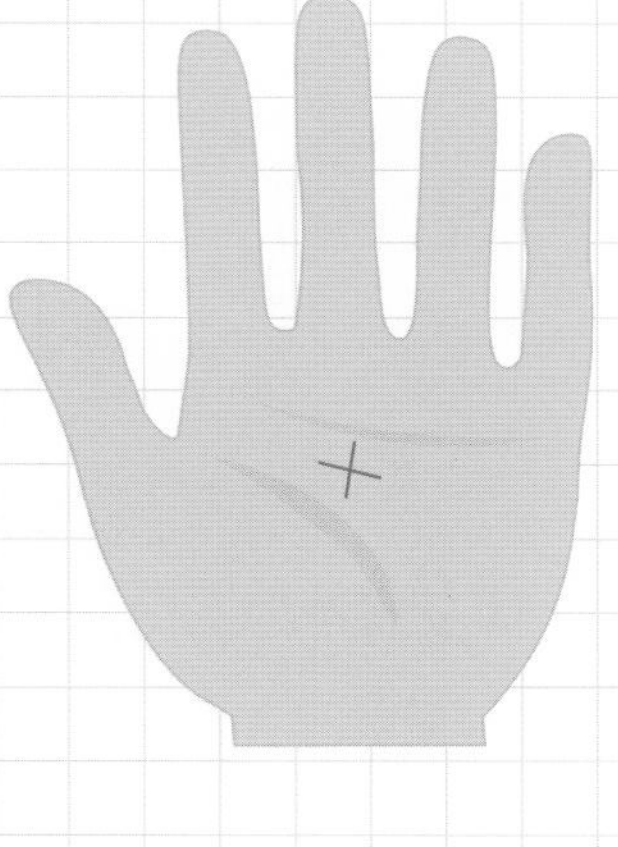

感情線と知能線の間に現れる神秘十字。この線がある人は、神仏や先祖から守られ期待される存在です。寺社仏閣巡りなどへの関心が高く、そうした一面に理解あるパートナーに恵まれると幸せになれそう。十字が薬指の下にある場合は太陽十字と呼ばれ、スピリチュアルな才能を仕事に活かすとうまくいくことも。

[運命線の年齢の見方]

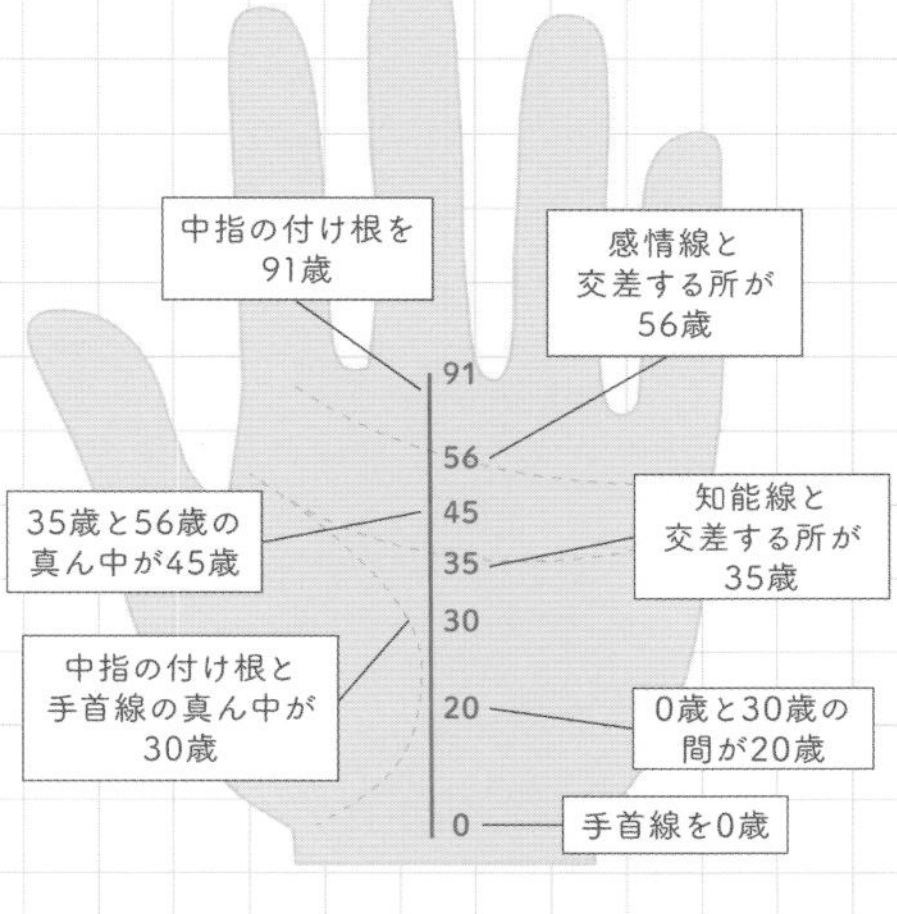

中指の付け根を91歳
感情線と交差する所が56歳
35歳と56歳の真ん中が45歳
知能線と交差する所が35歳
中指の付け根と手首線の真ん中が30歳
0歳と30歳の間が20歳
手首線を0歳
91
56
45
35
30
20
0

3本以上の結婚線

結婚のチャンスが何度も訪れる

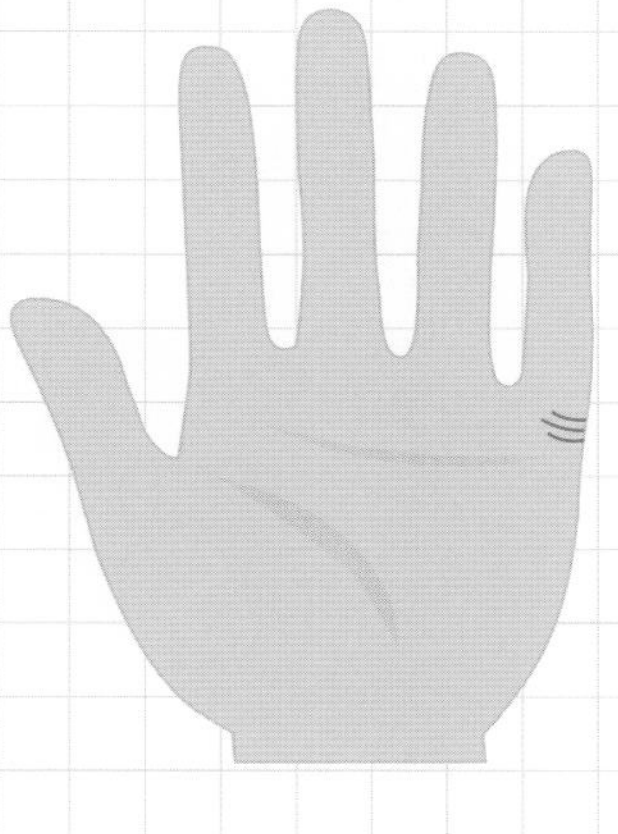

惚れやすいうえに惚れられやすく、人生のほとんどの期間が婚期になるタイプ。出会いが多いので、何度も結婚のチャンスに恵まれます。婚約したものの結婚には至らずに破局し、その後に出会った人と大恋愛の末に結婚するというパターンも。結婚相手を決めるにあたっては、運命線が切り替わる年齢を参考にするのがおすすめです。

恋の魔法

あなたを応援する！「数秘術占い」

2024年の恋は、どんな相手とのご縁が深まるのでしょうか。数秘術の中でも誕生月と誕生日、そして西暦を用いる「年運数」を見ると、あなたを応援する数字からのメッセージが聞こえてくるはず。

あなたの年運数の出し方

1 生まれた月日を1桁の数字に分解します。

2 分解した数と知りたい年の西暦を足していきます。11・22・33以外の2桁の数字になった場合は、再び分解して足しましょう。

3 11・22・33か1桁の数字になるまで繰り返し、出た数字があなたの年運数です。

例 8月21日生まれの2024年の運気の場合
8+2+1+2+0+2+4=19
1+9=10
1+0=1
年運数は「1」になります。

占い／**星影ラピス**

「占いの層を拡大する」を目指して、YouTubeを中心に、占い業界の新たなる「風」となれるようほぼ毎日活動中。数秘術・タロットカード・西洋占星術をメインにした占い配信のほか、ゲーム実況配信や雑談配信も行う。
https://www.youtube.com/@HoshikageLapis

「2024年」は数秘術で見るとどんな1年になる？

今までやってきたことの結果や成果を実感する年

2024年は数秘術で見ると、2+0+2+4=「8」の年になります。8の数字は横にすると「無限大∞」や永遠に続く「メビウスの輪」、漢字にすると「末広がりの八」となるように、状況や物事の拡大を示す縁起のよい数字です。そのため数秘術で8にあたる2024年は、「成功・達成」の意味が強まる年になるでしょう。今までやってきたことの成果が出たり、目標を達成し、さらにまた次の目標へと進んでいけたりするようなエネルギーが高まる1年になりそうです。

ただ、学校の通知表のように、これまでやってきたことの結果が出る年になるので、頑張った部分はいい結果として反映されますが、手を抜いてきたところやうまくいかなかった部分は悪い結果につながる可能性もあるでしょう。例えば、自分磨きやダイエットなどにコツコツ取り組んできた人は、納得のいく成果を感じやすい年になりますが、逆に不摂生が続いている人は、健康面の注意が必要です。ここ数年力を入れてきたことは何か、実現したい夢は何かを今一度考えてみましょう。

2025年を数秘術で見てみると、これまで手に入れたものを整理し、新たな地盤を築いていく1年になるので、達成したい目標がある人や、実現したいことがある人は、今年のうちに勝負をかけましょう。

交際や結婚、同棲など関係を一歩進める1年に

数秘術で「8」は男性性と女性性、どちらも備えている非常にバランスのとれた数字です。そのため、恋愛面でもそのバランス感覚が発揮されやすい1年になるでしょう。性別関係なく、コミュニケーションが活発になる傾向にあり、すでにパートナーがいる人にとっては、パートナーとの愛情を確認しやすい年になりそう。まだパートナーがいない人にとっても、今年はこれまで培ってきた人脈や知恵を総動員する運気にあるため、友人や家族からの紹介にもご縁がありそうな1年になるでしょう。また、「モテるための努力」を続けてきた人にとっては、その成果が表れ、周囲のあと押しにも期待が持てるかも。特に今年1年の積み重ねは後々大きな差を生みます。

2024年は本当に望んでいる人にこそ、チャンスが与えられるような1年になります。特に結婚運は非常に高まりやすいタイミング。結婚や婚約、同棲など、「約束し、形を変える・新たなパートナーシップを結ぶ」ような契約事に大きな進展が期待できそうなタイミングです。これから交際をはじめる場合であっても、結婚を前提とした真剣交際に発展する可能性も。また、誰もが羨むような結婚話や、大物有名人カップルの誕生など、熱愛報道を見かけることが多くなる1年になるかもしれません。

恋に前向きになれる時期！支えてくれる人とのご縁に期待

年運数

1

年運数1の人は、2024年、新しい恋愛や出会いを求める気持ちが高まりそう。〝自分がどうありたいか〟に関心が向きやすくなり、理想の恋を思い浮かべる時間も増えるかもしれません。自分磨きや知識の習得など、なりたい自分に近づくためのモチベーションが向上するでしょう。

2024年は、そんなあなたを引っ張ってくれる存在に焦点が当たりそうな1年です。ここぞという場面の頼りがいや、自分をリードしてくれる相手にときめきやすい1年になるかもしれません。特に、あなたが弱ったり、困難に直面したりする場面で手を差し伸べてくれる相手とは、確かな信頼関係を築くことができるはず。上司や年上の取引先、「この人についていけば大丈夫だ」と思えるような安心感を与えてくれる人とのご縁が深まりやすいでしょう。

「リードされる」ことはパートナーがいる人にとってもキーワードに。パートナーや恋人のやりたいこと、行きたい場所に付き合うことで、新しい分野に興味が湧き、コミュニケーションがさらに活発になりそうです。ただ、言い争いやケンカも起こりやすい1年かもしれません。譲れる部分は譲歩しつつ、相手の選択を尊重する姿勢を見せると◎。

一緒に楽しむだけで終わらせないで！

インプットとアウトプットが恋愛運アップのカギになるでしょう。多くの「初体験」を気になる相手やパートナーと共有してみて。そしてお互いにその感想や想いを言葉にして伝え合うアウトプットの時間を設けると、しだいに心が通じ合うようになるはず。

出会いの種蒔き時期じっくり取り組んで

年運数

2

年運数2の人はコミュニケーションの重要度が高まる2024年。どんな状況でもじっくり対話を重ねながら進めていきたい運気にあります。それは恋愛においても同様。相手との対話の中で何を伝えたいのか見極めることで、普段は見えなかった相手の考えていることや、自分がどうしたいのかが見えてくるような1年になるでしょう。急いでアプローチを進めてしまうと、うまくいかない結果につながりやすいので、慎重な姿勢でいることが大切です。

フリーの人にとっては、2024年は出会いの種を蒔く時期としてはベストタイミング。芽が出て花が咲くまでに少し時間がかかってしまうかもしれませんが、新しいコミュニティに顔を出してみたりやったことのない趣味をはじめてみると、自然と出会いがもたらされるようになります。共通の課題や試練に向き合う機会があると、絆が一気に深まりそう。特に優しい言葉遣いは恋愛運を上げるためのキーポイントになるでしょう。

パートナーがいる人は次のステージへ進むことを意識してもよいかもしれません。同棲をはじめる場合は、新しい家具や家電を一緒に選ぶと、お互いに実感が湧いてきそう。結婚を検討するのも吉。新居や家族計画を考える場合も、お互いの理想や願望をうまく擦り合わせることができそうです。

今年は「話し上手」よりも「聞き上手」に徹して

自分のことを知ってもらおうと、ついついあなたばかりが話しがちになってしまうかも。まずは相手の話に耳を傾けることを意識して。自分がこれまで触れてこなかった情報や価値観に巡り合うことができ、相手への興味や尊敬の念がいっそう深まるかも。

広い心を持って相手のことを受け入れる

年運数

3

年運数3の人は、寛容さが高まる1年になりそうです。普段なら少し気になってしまうようなポイントも、今年はすんなりと受け入れることができたり、多様性について考えるような出来事があるかもしれません。その懐の深さから多くの人に安心感を与えることができ、誰かにとっての大切な存在になれる可能性も。

2024年の恋愛運は、そんなあなたを刺激してくれる人との恋の予感が。周りからよく変わり者と呼ばれるタイプの人物との恋がスタートするかもしれません。あなたにとっては、いつもであれば気にも留めないタイプではあるものの今年はなぜか気になってしまうかも。自分がしっかりしなければと、公私共に支えられるような関係性を築くことができるはず。いつでもそこにいてくれるような安心感を相手に与えることができ、お互いにない部分を埋め合えるような恋愛ができるでしょう。

パートナーがいる人にとっては、少し波乱万丈気味な1年になるかもしれません。トラブルや揉め事が起きたときは、あなた主導で解決することを心がけて。パートナーからの感謝と尊敬の念を感じることができるかも。結婚や同棲などの将来設計を話し合うのも◎。

心のワクワクに正直に楽しいほうへと進んでいこう

不思議と心がワクワクするような時間や心が突き動かされる体験には、今のあなたに必要な要素が隠されているはず。後先考えずにとりあえずやってみるくらいの気楽さでOK。恋の相手とその楽しさを共有できたとき、関係がもう一段階、深まりそうです。

モテ運急上昇！しっかりと準備を進めて

年運数

4

2024年、年運数4の人は、安定感や基盤を大切にしたい気持ちが高まりやすい傾向にあります。遊びのような恋愛ではなく、地に足のついた交際や、将来を念頭に入れたお付き合いを求める気持ちが高まりやすい1年になりそうです。また、過去の恋愛での失敗や学びが、あなたを支えてくれる運気でもあります。

そんな年運数4の人にとって2024年は、モテ運が急激に高まる1年になりそう。これまでご縁がないと感じていた憧れの人物が、実はあなたのことをずっと見ていたことに気づいたり、多くの人からの誘いを受ける場面もあるでしょう。誰かの人生における大切な存在になれる時期でもあるので、結婚や同棲を考えるのも◎。こちらからアタックを仕掛けるのであれば、これでもかというほど用意周到に。共通の友人に事前に相談しておくなど、外堀から埋めていくのも有効でしょう。反対に、浮ついた気持ちのある恋や、リスクのともなう関係には、いつも以上に注意が必要です。

すでにパートナーがいる人は人生設計を一緒に考えたいタイミング。大きな買い物に向けた貯蓄やお互いのライフプランを擦り合わせる中で、愛情と尊敬がさらに深まっていくことを実感できそう。

行動よりもまず思考 自分の基礎を鍛え上げて

考えなしの行動は避けること。どんなささいなことであっても、じっくりと考え抜いてから結論を出すように心がけて。自分自身の根幹となるものを磨くのも◎。筋トレやヨガ、知識の吸収など、形になるまで時間がかかるものほど、じっくりと取り組んでみて。

恋のモチベーションUP
自分なりの形を見つけて

年運数

5

変化と刺激を求める気持ちが強くなる2024年の年運数5の人。新しい出会いに対するモチベーションも高まるため、自然と恋愛に積極的になれる運気にあります。特に、これまでご縁がなかったようなタイプの人との交流が広がりやすい時期でもあるので、純粋に恋愛を楽しむことができる1年になるでしょう。

年運数5の人の2024年は、「恋愛の常識」にとらわれない恋の進め方がおすすめ。難しいことは考えず、とにかく好きだから一緒にいる、というような恋のほうがモチベーション高く取り組めるかもしれません。つかみどころのない人物や、ミステリアスな人物には、不思議なほど心を奪われてしまうこともあるかも。ただし、相手に気に入られようとするあまり、自分を犠牲にしすぎるのはストップ。恋の楽しさよりもつらさややるせなさが勝ると感じたら、切り替えも必要です。

パートナーとの関係も同様で、どちらかが一方に頼りきりになると長続きしない可能性が高まります。お互いに自立心を持って、そのうえで一緒にいたいと思える関係性を大切にして。マンネリ感が漂う関係には、未知の刺激を。一緒に外出する機会を増やしたり、旅行がおすすめ。

デートは定番よりも変化球
いつでも心をフルオープンに

デートスポットを選ぶなら、お互いに行ったことのない場所をチョイス。有名な場所でなかったとしても、そこでしか味わえない感動があるはず。自分をオープンにさらけ出して、いいところも悪いところも全部相手に知ってもらう気持ちも大切です。

お互いに思いやる気持ちが
恋心を育むとき

年運数

6

年運数6の人は、尊敬や憧れの念が恋愛のエッセンスになる1年になりそうです。単純に好きという気持ちだけでなく、同時に人として尊敬できる部分があったり、相手を受け入れたいという思いが高まりやすい時期になるでしょう。いいところも悪いところも素直に伝え合い、受け入れ合うことができるような関係に心動かされそうです。

そのため恋の場面では、相手ファーストで動いたり、顔色をうかがうようなことが増えるかもしれません。相手が寒そうにしていれば、そっと温かい飲み物を差し入れたり、飲み会の席では積極的に料理を小皿に取り分けたり……。ごく当たり前の気遣いと思えるかもしれませんが、そんなちょっとした行動が相手の心をグッとつかむことになりそうです。同じように、自分に対して優しく接してくれるような人とは、あなたのほうが恋に落ちやすい傾向も強まりそうです。そこで素直に感謝の言葉を伝え合うことができたり、自然とお返しをするような間柄になっていくと、思いやりの気持ちから恋愛に発展する可能性も高まるでしょう。

パートナーがいる人にとっては、2024年はサポートの1年になりそう。パートナーの仕事環境やキャリアプランが大きく変わり、激務に追われることになるかも。私生活の部分でサポートをしてあげて。また、転勤や転職などのタイミングで結婚話が持ち上がる可能性もあるでしょう。

今期の恋愛は
ギブアンドテイク!

与えられるだけではなく、自分が好きな相手に何をしてあげられるのかを考えてみると恋愛運はさらに上昇。ただし、与えすぎに注意。恋愛は対等な関係であることを忘れないで。気持ちが迷子になったら、旧友と連絡を取り合って、本来の自分を取り戻す時間を確保して。

年運数 7

ぴったりはまれば一気に恋が加速していくとき

年運数7の人にとって2024年は、精神的なつながりや、心を通わせるコミュニケーションに意識が向きやすい1年になるでしょう。そのためにはまず、自分自身が変わる必要があることに気づくことが大切です。自分の未熟さや、弱さを理解したうえで、それをオープンにできるような恋愛を望む傾向が強まるでしょう。

2024年の恋模様は、「自分と似たタイプに惹かれる」。徹底して試行錯誤を繰り返し、成功を手繰り寄せるような向上心のある人物や、チャレンジ精神に満ちた相手とは、お互いの夢や理想を語り合いながら、猛スピードで意気投合することができそう。愛情だけでなくリスペクトの感情も育まれるため、生涯のパートナーと呼べるような人物との出会いに期待が持てるかもしれません。ただし、少しのことで嫌味を言ってしまわないように意識づけが必要です。自分と同じハードルを相手に求めるのではなく、自分は自分、他人は他人と切り分けて。

パートナーがいる人は、精神的な絆を再確認したいタイミング。ここのところコミュニケーション不足を感じる人は、特に注意が必要です。お互いの不満や文句など、きちんと共有したうえで一緒に解決策を模索して。

恋愛を頑張るために
ひとり時間も大切に

ひとりの時間を確保することが、恋愛運を高める秘訣につながりそう。相手と過ごす時間だけでなく、その原動力を蓄積するため、まずは自分自身の欲求や理想と向き合ってみて。瞑想やヨガでゆったりとした時間の流れに身を置くと、自分の心の声を聴けるはず。

年運数 8

真剣に恋に取り組むことで自分も成長していく

年運数が8の人は、恋愛における目標が変わる1年になりそうです。これまでとは打って変わって、恋愛が自己成長のための手段となったり、恋愛を通して大人になっていくような感覚を覚えるかも。同時にその感覚は、プライベートだけでなく仕事の面でも表れることになりそう。今年は仕事とプライベートの両立を意識することが多くなるでしょう。

そのため、同じ恋愛でも、今年はより真剣な恋に取り組みたくなる時期が来ているかもしれません。これまでの恋愛とは一線を画し、結婚前提であったり、お互いに価値観が一致することを重要視するようになるでしょう。どれだけ魅力的に思える人物でも、その点が満たせない人とは、うまく恋愛に発展しにくいかもしれません。意中の相手には、自分の理想像を伝えたうえで、将来のイメージを確認し合うことからアプローチをはじめてみると、納得のいく恋愛ができるはず。

パートナーがいる人にとっては、ステージをひとつ進めるタイミングが訪れることになります。同棲や結婚、家族計画など、どちらからということもなく、自然な流れで話が進んでいきそう。懸念材料になりそうな事柄があれば、しっかりと事前の話し合いを重ねて解消を。

心身を安定させてこそ
健康な恋愛ができる

心身ともに健康に恋愛を進めるためにも、日ごろから体調管理・メンタルケアの意識を高めることが、さらなる開運のカギに。恋愛はもちろん、仕事もプライベートも身体が資本。運気が高まるタイミングを逃さないように、ストイックな生活を意識してみるのも◎。

年運数

9

新しい恋や価値観との出会い変化を恐れずに新しい環境へ

「変化」と「区切り」を重視する2024年の年運数9の人。恋愛においても、これまでとは違う進め方やアプローチなど、古い考えをアップデートするような期間になるかもしれません。自分の考えを変えることへの抵抗感が下がるため、これまでの失敗や経験を振り返るのにも、ちょうどよい時期といえるでしょう。

2024年の恋愛運を見ると、今年は広い視野を持てる1年になりそうです。自分が所属しているコミュニティを飛び出し、さらに多くの出会いや新しい価値観を求めていけそうな運気にあります。2024年は動けば動くほどに出会いに恵まれるだけでなく、周囲からのサポートにも期待が持てそう。「この人、実はこんないいところがあって～……」「絶対にお似合いのふたりだよ！」など、援護射撃をもらえることも。また、恋愛相談を持ちかけられることも多く、話し込むうちに「自分たちこそぴったりの組み合わせでは？」となり、そのまま交際がスタートする可能性もあるでしょう。

パートナーがいる人は、包容力がキーワードに。相手が自分に心から気を許せる環境を作り、さらに絆を深めていって。精神的にリラックスできる環境で、お互いの愛情を再確認できそう。

新しい恋を招くため余分な関係は決着をつける

真剣に恋愛に取り組みたい時期なだけに、それに向けた準備も必要になるでしょう。ずるずると引きずっている恋や、腐れ縁のような関係とはきっぱりお別れを。縁切り神社へ行って、神様の前で宣言するのも◎。神聖な空気で心を入れ替えて。

年運数

11

感受性が高まるとき恋する相手はしっかり選んで

高い精神性と周囲を観察する能力が高まる2024年の年運数11の人。直感を大切にしたい時期であり、ピンときた人とのご縁はなんとしてでもつかみたいシーズン。ただし、感受性が強まる時期でもあるため、いい意味でも悪い意味でも周囲からの影響を受けやすく、相手をしっかりと見きわめて選び抜きたいタイミングでもあるでしょう。

深く相手のことを知っていける時期でもあるため、恋愛では精神的なつながりが重要視されるでしょう。多くを話さなくても心が通う相手であったり、お互いに弱みをオープンにし、支え合えるような関係性に発展の兆しが。相手のいいところだけでなく、悪い部分にもしっかり目を向けることで、後悔のない恋愛ができるはず。まずは自分から心をオープンにすることを心がけてみて。学生時代からの友人や、久しぶりに再会した人との恋が燃え上がるような可能性も秘めています。

パートナーがいる人にとっては、「親しきなかにも礼儀あり」がキーワードに。いくらお互いの感情が読みとれるといっても、欠かしてはいけない言葉があるはず。「ありがとう」や「ごめんなさい」など、慣れてきた関係のなかでついつい忘れてしまいがちな言葉を意識的に伝えるようにすると、愛情も再燃することになりそうです。

危機管理能力を高めて何かあったらすぐ相談！

とにかく不安材料を取り除くことが大切。トラブルを避ける心構えはもちろん、何かをする際の下調べは入念に。恋に行き詰まったときは、あなたのことを一番よく知る友人に相談をしてみて。的確なアドバイスに、視界が開けるような気持ちになれるかも。

夢や理想を語り合い心の深い部分でつながる

年運数

22

年運数22の人は2024年、インスピレーションと観察眼が冴え渡る1年になりそうです。相手の考えていることが手にとるようにわかるようになり、恋の場面でも、上手に展開を進めることができるようになりそうです。

特に2024年は、自分の夢や理想を共有できる相手とのご縁が深まるでしょう。長年秘めている目標を相手に伝え、それを共感してもらえたときに、恋心が一気に芽生える可能性も。壮大な夢を語るあなたは、輝きが増して魅力も高まるため、カリスマ的な魅力が高まるタイミングでもあります。結果として多くの人を惹きつけることになるので、恋愛運も非常に高まり、多くのお誘いがあるかもしれません。迷ったときは自分の直感と第一印象を信じて突き進むと◎。

パートナーや恋人がいる人にとっては、「信頼関係」がキーワードに。相手が何を嫌っているのか、どんなリスクを避けたいと思っているのかなど、ネガティブな要因に目を向けることで、将来のリスクも排除することができるでしょう。それが安心感につながって、さらに絆が深まることになりそうです。結婚を考えている人も、共通の理想像を抱くことができるようになり、前向きに話を進めるチャンスがありそうです。

変化を恐れずにどんどん進化していく

自分の殻を破り、変化することを恐れないで。挑戦するたび、一歩踏み出すたびにあなたのステージがまたひとつ上がるはず。これまで意識的に避けてきたことにチャレンジしてみると、意外な発見があって、あなたの人間的魅力が上昇していきますよ。

「好き」という想いがすべてを動かしていく

年運数

33

理屈や現実的な理由ではなく、「とにかく好き」という感情が原動力になりそうな2024年の年運数33の人。行動範囲が広がりやすい時期であるため、新しい出会いにも多く恵まれそうな1年です。ただ、そこから関係が広がるかどうかは、共通の趣味や嗜好など、お互いの「好き」に共通項を見出だせるかどうかがキーポイントになりそうです。

特に今年意識したいのは、量よりも質ということ。やりとりの頻度やデートの回数が大切なのではなく、肝心なのはその濃度。どこまでお互いに心をオープンにできるか、本音で語り合えるかが、恋愛関係に発展するために必要不可欠な要素となっていきます。逆をいえば、そこを満たすことさえできれば、出会ってすぐに交際に至るようなケースも起こりやすいといえるでしょう。また、この時期は誰かを好きになる場合に、現実的な理由よりも、性格や価値観など目に見えない部分を重要視する傾向も強まりそうです。

パートナーがいる人にとっては、普段わかっていながらも伝えられていない感謝の気持ちや、交際当初にあったはずの思いやりを取り戻したいタイミングです。マンネリを打破するためにも、相手が今何を望んでいるのかを聞き出すコミュニケーションも重要になるでしょう。

頑張りすぎには要注意適度な息抜きを

恋に疲れてしまったときは、自分にぴったりのストレス発散法を。カラオケやショッピングなど、スカッと気持ちを切り替えられることがおすすめ。ちょっとした時間の散歩や、たまたま見つけた公園のベンチに座り、木々を眺めてみる時間も◎。

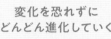

マリィ・プリマヴェラが占う

2024年 恋の夢占い10

夢は心の奥深くから表れる神秘的なもの。そして私たちに恋のチャンスを伝えてくれることも。2024年に見たい夢をチェックしつつ、その意味を探ってみましょう。

マリィ・プリマヴェラ

占い師。西洋占星術、ジオマンシー、夢占い、ペンデュラム、タロットカード等で占う。1980年代初めより毎日の運勢、毎月の運勢など雑誌、WEB等への執筆を中心に活動中。『よくあたる！ 夢占い事典1000』（ヴォイス）『月星座と太陽星座でわかる性格と相性〜親と子の「幸せ」づくり〜』（東邦出版）『太陽と月の魔女カード（小泉茉莉花氏と共著）』（ヴォイス）など著書多数。

1 片想いが叶う

異性から卵をもらう夢

夢の中の卵は、これからやってくる可能性や潜在能力を表しますが、同時に優しさ、愛らしさなど女性の持つ美しい性格も意味します。そんな卵をもらう夢を見たら、あなたの未来が開けていく証拠。特に卵をくれたのが異性ならば、新しい愛がはじまることの暗示です。その卵の形が美しいほど、人も羨むような愛が実るでしょう。

2 ふたりの仲が深まる

楽しく踊っている夢

そもそも踊る夢は、精神面の充実を物語るものであり、センスに磨きがかかることも意味します。いずれであってもとてもいい夢、吉夢です。夢の中で心を弾ませ、楽しく踊っているようなら、恋愛が思い通りに進展し、ふたりの仲が深まる証。今までギクシャクしがちだった関係もスムーズに流れ出し、愛を再確認できるでしょう。

3 運命の相手と会える

興味のない相手に会いたいと思っている夢

会いたいと思う夢は、現実世界でその相手とコンタクトをとりたいと願っていることを伝えています。たとえ親しくない相手であったり、興味のない相手であったりしても、夢の中であなたが会いたいと願っているのならば、あなたの魂が相手を求め、また相手の魂もあなたを求めていることにほかならないのです。近い将来、運命的な恋に落ちる予兆です！

4 告白される

好きな人から拒絶される夢

好きな人が夢に出てきても特別な意味はなく、単に好きだからこそ見る、というだけのこと。しかしケンカをしたり言い争っていたり、あるいは拒絶されるなど嫌な事件の場合は別。相手があなたに好意を持っているサインなのです。また、あなた自身の思いも深まっているはず。素直な気持ちで相手に接すると告白を引き出せるでしょう。

5 復縁できる

たき火にあたっている夢

夢に出てきた火は熱く激しい情熱を意味し、生命エネルギーのシンボル。たき火にあたる夢は、そんな激しいエネルギーの中に身を置くことを伝えています。復縁するには相当なエネルギーが必要ですが、まさにたき火の夢は大きなパワーのあと押しによって愛が復活することの証。ただし、たき火が消えかけているようなら復縁は難しいでしょう。

6 プロポーズされる

パンを焼く夢

パンは豊かさの象徴であり、家庭的な事柄のシンボル。もちろん夢に登場した場合も、安定した穏やかな生活を意味します。そういった生活を手に入れるための関門となるのがプロポーズ。というわけで、自らの手でパンを焼く夢は、プロポーズによって恋人との関係がさらに進展し、温かな家庭を築く道筋ができることを伝えているのです。

7 デートを楽しめる

花が咲き乱れる公園の夢

花は愛情や美、華やかさの象徴。きれいに咲き誇る花を夢に見たら、愛情面の充実が期待できます。また公園は安らぎを象徴しますから、あなたの心には愛情という名の安らぎや癒やしが訪れると考えていいでしょう。特にそんな公園でとても楽しく過ごしている夢なら、素敵なデートが待っていることを告げる夢ととらえてください。

8 モテる

トゲが刺さっているのに痛くない夢

夢だからトゲが刺さっても痛くないのは当たり前、なんて納得しないで！　夢占いではトゲは心を傷つけるものや苛立ちを意味しますが、本当は痛いはずのトゲが痛くない夢の場合は、強い恋愛感情の証。つまり異性から強く思われている証拠なのです。あなたに異性を惹きつける強い魅力が備わり、モテることを知らせる夢といえるでしょう。

9 ベッドタイムが盛り上がる

カギを手にする夢

夢に登場するカギは、好奇心や新しい知識への欲求を表す一方、その形状と役割からカギは男性、カギ穴は女性をシンボライズ。まさにセックスを暗示することも多いのです。特にカギがするりとカギ穴に入り、難なくドアを開けた夢なら、ベッドタイムが大きく盛り上がることを示唆します。満足度の高いセックスを楽しめるでしょう。

10 ライバルを撃破する

クモを殺す夢

夢に現れるクモは、罠や策略などを表します。つまり、あなたを快く思わない敵の存在を伝えているのです。クモはまさに恋のライバルです。しかし自分の手でそのクモを殺す夢は、恋敵を打ち倒すことができることを暗示。夢の中で完全にクモの息の根を断つことができたなら、恋のライバルを撃破できる兆しととらえていいでしょう。

steady. 特別編集
運命を変える恋愛占い2024

2024年1月8日　第1刷発行

著者　スピリチュアル研究会
発行人　蓮見清一
発行所　株式会社宝島社
〒102-8388
東京都千代田区一番町25番地
電話（営業）03-3234-4621
（編集）03-3239-0928
https://tkj.jp
印刷・製本　日経印刷株式会社

Printed in Japan
ISBN978-4-299-05080-9